그룹코칭

탁월한 성과를 내는 리더의 선택

그룹코칭

초판 1쇄 발행 2021년 5월 11일
초판 2쇄 발행 2024년 3월 28일

지은이 김종명, 여재호, 이해원
펴낸이 최익성
편집 최보문, 양수정
마케팅 송준기, 임동건
마케팅 지원 안보라
경영지원 이순미, 임정혁
펴낸곳 플랜비디자인
디자인 강수진

출판등록 제2016-000001호
주소 경기도 화성시 동탄첨단산업1로 27 동탄IX타워 A동 3210호
전화 031-8050-0508
팩스 02-2179-8994
이메일 planbdesigncompany@gmail.com

ISBN 979-11-89580-85-8 03320

탁월한 성과를 내는 리더의 선택

GROUP
COACHING

그룹코칭

김종명, 여재호, 이해원 지음

PlanB DESIGN 플랜비디자인

집단지성을 이끌어내는 힘, 그룹코칭

아프리카 속담에 '빨리 가려면 혼자 가고, 멀리 가려면 함께 가라.'는 말이 있다. 그런데 '빨리 가면서도 동시에 멀리 갈 수는 없을까?'하는 마음이 드는 건 욕심일까?

지금은 빨리 가면서도 멀리 갈 것을 요구받는 시대다. 많은 사람들이 빨리, 멀리 가기 위해 고군분투하고 있다. 절벽으로 향하고 있는지도 모르고 내달리기만 하는가 하면, 신발 끈을 매지도 않고 내달리기만 한다. 속도도 중요하지만 방향은 더 중요하다. 어디로 가야 하는지, 어떻게 가야 하는지를 알 수 있으면 좋으련만 그게 녹록하지 않다. 열심히 하는 건 얼마든지 자신 있는데 어떻게 해야 할지 방법을 잘 모르겠다고 하소연하는 사람들이 많다. 여기에 대한 해답을 제시해야 하는 게 리더의 역할과 책임이다. 그러나 지금은 한 명의 똑똑한 리더가 모든 걸 결정하고 해답을 제시하긴 어려운 시대다. 조직 구성원 모두의 자발적인 참여와 창의적 아이디어를 이끌어내는 게 그 어느 때보다 중요해졌다.

조직엔 다양한 이해관계인들이 존재한다. 이들은 각자의 목소리를 내면서 갈등을 일으킨다. 조직의 비전을 수립하기 위해 구성원들의 의견을 물으면 '그걸 왜 우리에게 묻지? 자기가 알아서 정해야지.'라고 말한다. 또 리더가 고민해서 비전을 제시하면 '그걸 왜 자기 혼자 정하지? 우리와 함께 의논해서 정해야지.'라고 말하기도 한다. 어떻게 해야 할지 쉽지 않다. 그런데 분명한 것은 조직엔 이런 다양한 의견들이 언제든지 존재한다는 것이다. 그 다양한 의견들을 조율하면서 통합을 이루어가는 게 바로 경영활동이다. 경영활동은 서로 다른 의견을 최대한 많이 이끌어내고, 조율하고 통합하는 과정을 통해 더 나은 의사결정을 해 나가는 과정의 연속이다. 이런 측면에서, 경영활동의 본질은 갈등의 조율과 통합이다.

조직에선 일상적으로 갈등이 일어난다. 리더가 간단명료하게 이렇게 저렇게 하라고 지시를 할 경우, 후배는 자기 스스로 잘 알아서 할 수 있는데도 미주알고주알 간섭한다고 느낀다. 반면, 리더가 일을 시키면서 후배의 의견을 물으면 후배는 명확하게 지시를 해주면 될 걸 말을 빙빙 돌린다고 느낀다. 그런데 어떤 경우에도 사람들에겐 선한 의도가 있다. 간단명료하게 지시하는 리더의 선한 의도는 후배가 일을 쉽고 빠르게 처리할 수 있도록 알려주는 것이다. 이때 불편함을 느끼는 후배의 선한 의도는 스스로 잘하고 싶은 것이다. 후배의 의견을 묻는 리더의 선한 의도는 후배를 존중하고 싶은 것이고, 그냥 시키기를 원하는 후배의 선한 의도는 리더의 정확한 지시를 받아서 빨리 잘 처리하고 싶은 것이다. 서로에게 선한 의도가 있음에도 이를 알아차리지 못하기 때문에 충돌이 일어나고 갈등으로 나타난다. 만약 우리들이 상대방의 선한 의도를 잘 알아차리고 서로 존중하면서 일을 할 수 있다면 어떻게 될까? 이게 바로 리더들이 해야 할 역할이다. 마른 빨래를 쥐어짜듯 밀어붙이는 게 아니라, 서로의 선한 의도를 조율하고 통합하면서 구성원들의 자발적인 참여를 통해 창의적인 아이디어와 집단지성을 이끌어내는 것이다. 이에 대한 우리의 대답은 '그룹코칭'이다. 우리는 이 책을 통해, 그룹코칭으로 어떻게 집단지성을 이끌어내는지 보여줄 것이다.

그룹코칭을 처음 접하는 사람들의 궁금증은 주로 이렇다.

그룹코칭을 하면 어떤 효과가 있는가?
어떻게 하면 그룹코칭을 잘할 수 있는가?

이 책은 이 질문에 대한 대답이다. 저자들은 '코끼리(코칭을 공부하는 사람끼리)' 스터디의 멤버들이다. 우린 스터디를 통해 코칭을 공부했다. 우리는 오랫동안 그룹코칭을 진행한 경험이 있고 대학원에서 강의하고 있다. 이 경험들을 바탕으로 그룹코칭을 도입하고 싶은 기업이나, 그룹코칭을 진행하고 싶은 코치들의 요구에 부응하기 위해 이 책을 쓰게 됐다. 우리는 철저하게 그룹코칭 방식으로 이 책을 집필했다. 먼저 다음 질문들에 대해 약 2년 이상의 토론과 작업을 거쳤다.

우리는 이 책을 통해 세상에 어떤 기여를 하고 싶은가?

이 책의 한 줄 핵심 메시지는 무엇인가?

이 책에 어떤 내용을 담을 것인가?

어떤 방법으로 글 쓰는 작업을 할 것인가?

이 질문에 대답하기 위해 우리는 그동안 강의했던 자료들을 모았다. 그리고 책에 담을 내용을 선정하는 작업을 했다. 이 과정은 지루하고 지난한 작업이었다. 앞이 보이지 않았다. 그렇게 1년 이상의 시간을 보내면서 책에 담을 내용을 확정했고 여러 번의 워크숍을 진행했다. 코치들을 대상으로 진행한 워크숍의 반응은 폭발적이었다. 우리가 개발한 그룹코칭 모델이 강력한 힘을 지니고 있다는 걸 알게 됐다. 그러나 또 한 차례의 어려움이 찾아왔다. 실제로 그룹코칭을 진행하고, 그룹코칭을 하는 방법에 대해 강의를 하는 것과 책을 쓰는 건 전혀 다른 차원의 작업이었다. 우리는 먼저 책에 담을 내용을 정리하는 작업을 시작했다. 함께 목차를 만들었다. 그리고 각 부분에 대해 글 쓰는 역할을 분담했다. 그러나 글 쓰는 작업은 진척이 없었다. 이런 과정을 자세하게 밝히는 이유는 우리 역시 이런 어려움을 그룹코칭의 핵심가치를 통해 극복했다는 걸 알리기 위해서다.

이 책은 공동저자들의 선한 의도를 철저하게 존중하는 그룹코칭의 핵심가치 '존중, 이해, 공감, 탁월성'을 철저하게 지킨 덕분에 탄생할 수 있었다. 우리는 이걸 '존. 이. 공. 탁'이라고 줄여서 부른다. 우리는 공동 작업을 하면서 서로의 선한 의도를 존중하는 방법으로 '존. 이. 공. 탁'을 실천하려고 노력했다.('존. 이. 공. 탁'에 대해선 이 책의 4장. 그룹코칭의 핵심가치에서 자세하게 다룬다.)

먼저, 우리는 서로를 철저하게 존중했다. 우리는 전공이 모두 다르다. 한 사람은 불교학 박사를 수료했고, 한 사람은 공학 박사를 수료했고, 한 사람은 정신과 전문의 의학박사다. 기업에 근무한 경험도 서로 달랐다. 한 사람은 금융기관과 패션회사에 근무했고, 한 사람은 공기업에서 교육을 담당했다. 그리고 한 사람은 제약회사에서 근무했다. 우리는 서로의 다른 경험과 가치관, 신념 등을 존중했다. 자신의 생각과 달라도 비난하지 않았다. 우리는 서로의 다름을 존중하면서 그 과정에서 오히려 더 큰 시너지를 냈다.

둘째, 우리는 서로를 이해하기 위해 노력했다. 우리는 하는 일이 다르다. 한 사람은 정신과 클리닉에서 진료를 하면서 동시에 강의를 한다. 한 사람은 대학교 겸임교수로 재직하면서 멘토링과 강의를 한다. 그리고 또 한 사람은 대학원 겸임교수로 재직하면서 코칭과 강의를 하고 있다. 우리는 비록 서로 다른 일을 하고 있지만 강의와 코칭을 통해 세상에 기여하고 헌신하고자 한다는 공통점이 있었다. 우리는 각자 하고 있는 일에 대한 존중과 이해를 바탕으로 스케줄을 잡을 때도 서로 배려하려고 노력했다.

우리는 이 책을 쓰면서 집단지성의 힘을 경험했다. 만약 저자들이 각자 혼자 책을 썼다면 이 책의 완성도를 따라올 수 없었을 것이다. 함께 함으로써 세 사람의 역량의 합을 넘어서는 시너지를 낼 수 있었다.

이 책을 쓰는데 도움을 준 사람들이 있다. 대학원 학생들이다. 대학원에서 그룹코칭 과목을 강의하면서 알게 된 학생들이다. 이들은 주로 강사이거나 코치들이다. 이들이 말해준 현장에서 겪는 애로사항과 질문을 바탕으로 그룹코칭 프로그램Group Coaching Essentials 을 만들었다. 이들의 도움 덕분에 이 책이 탄생할 수 있었다. 우리의 강의를 듣고 주옥같은 질문을 해주신 모든 분들께 이 자리를 빌려 감사드린다.

학생들의 고민은 어떻게 그룹코칭을 잘 진행할 수 있는지, 방법을 알고 싶다는 것이었다. 그래서 이 책의 한 줄 메시지는 다음과 같다.

"이 책을 읽으면 그룹코칭이 무엇인지 정확하게 알게 되고, 실제로 그룹코칭을 진행할 수 있게 된다."

이런 목적을 달성하기 위해, 1장에서는 최근의 경영환경에서 탁월한 성과를 내는 리더의 특징을 통해 그룹코칭이 조직과 리더에게 필요한 이유에 대해 다루고, 그룹코칭의 성공적 진행을 위한 GCE Group Coaching Essential 모델의 구조와 원리에 대해 소개한다.

2장에서는 탁월한 성과를 내기 위한 그룹코칭의 G.R.O.U.P 프로세스에 대한 설명을 통해 그룹코칭이 전체적으로 어떻게 진행되는지에 대해 설명했다.

3장~5장에서는 GCE 모델 중 그룹코칭의 기반이 되는 핵심가치와 핵심역량, 그리고 그룹코칭에 반드시 포함되어야 할 핵심요소에 대해 이야기한다.

6장에서는 성공적인 그룹코칭 설계 방법을 설명한다. 그룹코칭 설계의 3요소 Who, What, How 및 각 세션별 설계 방법에 대해 자세히 알아본다.

부록에는 자주 묻는 질문들, 그룹코칭 실전 사례, 그리고 실제로

진행한 그룹코칭의 축어록을 실었다. 축어록을 통해 그룹코칭 현장의 생생한 느낌을 접할 수 있을 것이다.

이 책을 읽는 사람들이 그룹코칭을 좀 더 잘 이해하고, 실제로 그룹코칭을 진행하는 데 도움이 되었으면 한다.

김종명, 여재호, 이해원

목차

들어가는 글

집단지성을 이끌어내는 힘, 그룹코칭 · 4

1장 왜 그룹코칭인가

- 리더는 다른 사람을 통해 성과를 내는 사람이다 · 19
- 성과를 잘 내는 리더의 특징 · 23
- 리더, 집단지성을 이끌어내라 · 29
- 탁월한 성과를 내는 GCE 그룹코칭 모델 · 35

2장 　탁월한 성과를 내는 그룹코칭 프로세스

- 그룹코칭의 프로세스 G.R.O.U.P · 43
- Greetings : 친밀하고 안전한 공간 만들기 · 45
- Revisit : 실행을 공유하고 학습을 심화하기 · 51
- Objective : 초점을 명확하게 하기 · 54
- Understanding : 집단지성을 이끌어내기 · 58
- Planning : 실행계획 수립하기 · 61

3장 　사람을 이해하는 핵심가치

- 존중, 사람을 움직이는 힘 · 70
- 이해, 마음을 읽는 비결 · 74
- 공감, 사람을 연결해 주는 힘 · 81
- 탁월성, 지속적으로 탁월한 성과를 내는 성품 · 85

| 4장 | 코치가 갖추어야 할 핵심역량 |

- 신뢰와 안전감 쌓기 · 95
- 코치 프레즌스 · 100
- 적극적 경청 · 105
- 인식 일깨우기 · 110

| 5장 | 사람을 움직이게 하는 핵심요소 |

- 즐거움(Joy) · 125
- 연결(Connecting) · 132
- 집단지성(Collective Intelligence) · 135
- 시너지(Synergy) · 140
- 성취(Achieve) · 144

6장 | 그룹코칭 완성하기

- 설계의 3요소 · 151
- 첫 세션 설계하기 · 166
- 중간 세션 설계하기 · 184
- 마무리 세션 설계하기 · 198

부록

- [부록1] 자주 묻는 질문들 · 207
- [부록2] 그룹코칭 실전 사례 · 235
- [부록3] 그룹코칭 축어록 · 290

GROUP
COACHING

1장.

왜 그룹코칭인가

리더는 다른 사람을 통해
성과를 내는 사람이다

자신에게 주어진 역할을 잘 하고, 좋은 성과를 낸 사람들이 승진을 한다. 그런데 승진을 하고 나면 곧바로 문제가 생긴다. 혼자 일할 땐 잘했던 사람들이 리더가 되고 나선 제대로 역할을 해내지 못하는 것이다. 승진을 하고 난 후에 많은 사람들이 다음과 같은 어려움을 토로한다.

"저 혼자 열심히 하는 건 잘하겠는데, 다른 사람들과 함께 잘하는 건 너무 어렵습니다."

"제 일하기도 벅찬데, 팀원들 일까지 챙겨야 하니 어렵습니다."

"팀원들도 어른인데, 자기 일은 스스로 알아서 해야지, 왜 제가 팀원들을 도와줘야 하는지 잘 모르겠습니다."

다음은 팀장으로 승진한 사람들을 대상으로 강의했던 내용이다.

"팀장으로 승진한 걸 축하드립니다. 그런데 이게 마냥 축하할 일은 아닙니다. 왜냐하면 여러분은 지금 중대한 시험에 빠져 있기 때문입니다. 여러분은 아마도 지금까지 팀원 역할을 잘해서 팀장이 됐을 겁니다. 팀장 역할을 잘해서 팀장이 되신 분은 아무도 없을 겁니다. 이 말은 지금까진 팀원 역할을 잘하는 게 인정받는 비결이었지만, 이젠 지금까지 해오던 팀원의 역할과 똑같이 일을 한다면 여러분은 곧 도태되고 만다는 걸 의미합니다. 팀원에겐 팀원의 역할이 있고, 팀장에겐 팀장의 역할이 있습니다. 팀장이 되고 나서도 팀원의 역할에서 벗어나지 못한다면 심각한 문제가 발생할 것입니다.

팀장이 열심히 일을 하고 있는데 그게 팀원이 해야 할 일이라면 어떨까요? 그 팀원의 입장에선 팀장이 자신의 일을 빼앗는 것으로 느껴질 수 있을 겁니다. 반대로 팀장에게 요구되는 역할을 제대로 수행하지 않는다면, 팀장의 자격을 의심받을 수도 있습니다. 실제로 팀원 때는 잘했는데, 팀장이 되고 나선 제대로 역할을 하지 못하는 사람들을 많이 봤습니다. 팀장의 역할과 팀원의 역할에 대한 분명한 인식이 없기 때문입니다. 지금 역할 전환을 제대로 하지 않으면 여러분은 위기에 빠질 수 있습니다. 그렇다면 팀장에게 요구되는 역할은 무엇일까요? 그건 바로 팀이 성과를 낼 수 있도록 하는 것입니다. 달리 말하면, 팀장은 혼자 일하는 사람이 아니라 팀원과 함께 일하는 사람이라는 뜻입니다. 혼자서도 잘했지만, 함께 하면 더 잘하는 것, 이게 바로 팀장에게 요구되는 역량입니다."

조직에는 세 종류의 사람이 있다.

첫째, 자기 혼자서만 잘하는 사람

둘째, 다른 사람들과 함께 잘하는 사람

셋째, 다른 사람들이 잘할 수 있도록 도와주는 사람

세 번째 단계의 사람이 바로 리더다. 리더는 혼자 일하는 게 아니라, 다른 사람들이 잘할 수 있도록 도와주고, 성과를 한 곳으로 모으는 역할을 하는 사람이다. 그러나 리더에겐 현실적인 어려움이 있다.

어느 팀장이 어려움을 토로했다.

"제가 팀장이 되기 전에는 저의 기술 분야만 잘하면 됐는데, 팀장이 되고 나니까 제가 모르는 기술 분야의 일도 잘해야 된다는 게 너무 어렵습니다. 저는 여태까지 가방에 들어가는 지퍼를 만드는 일을 했습니다. 그런데 팀장이 되고 나니까, 가방 끈을 만드는 일도 함께 해야 하고, 가방 디자인까지 책임져야 합니다. 지퍼를 만드는 거 외에는 제가 모르는 일이라서 뭘 어떻게 리드해야 할지 잘 모르겠습니다."

자기가 잘 아는 분야의 일을 총괄하는 팀장도 있지만 이처럼 자신이 모르는 일도 함께 책임지고 해내야 하는 팀장들도 있다. 갈수록 업무가 세분화되고 깊이가 더해지고 있어서 앞으로 이런 현상은 더욱 심화될 것이다. 자기가 모르는 분야에 대해서도 책임지고 좋은 성과를 내야 하는 게 리더들이 직면하는 현실적인 어려움이다. 그러나 이걸 마냥 어려움으로만 느끼고 있어선 안 된다. 이런 어려움을 극복하고 성과를 내는 게 리더에게 주어진 역할과 책임이다. 왜냐하면 팀원들 성과의 합계가 팀장의 성과이기 때문이다. '팀원들을 통해 팀장의 성과를 내는 것' 이게 바로 팀장 리더십의 핵심이다. 그래서 리더는 다른 사람들을 통해 성과를 내는 사람이라고 말하는 것이다. 이런 맥락에서 리더십은 함께 잘하는 능력이다. 혼자서만 잘하는 사람을 리더라고 부르진 않는다.

성과를 잘 내는
리더의 특징

'우리 부서엔 제대로 쓸 만한 사람이 없다.', '마음 놓고 일을 맡길 만한 사람이 없다.'

이런 말을 입에 달고 사는 사람들이 있다. 이들은 직원들과 관계가 좋지 않고 실적도 나쁘다. 이유는 간단하다. 함께 일해야 할 직원들의 능력을 마음속으로 의심하고 있기 때문이다.

어느 팀장에게 들은 이야기다.

"구성원이라는 말의 의미를 잘 생각해야 합니다. 구성원이란 내가 뽑은 사람이 아니라, 다른 사람이 구성해 준 사람입니다. 그래서 내 입맛에 딱 맞아 떨어지는 사람은 거의 없습니다. 그런데 우리는 그 사람들과 함께 일해야 하기 때문에, 그들의 역량을 어떻게 이끌어 내느냐가 관건입니다."

리더는 어떤 사람과 함께 일하든지 그들의 능력이 없다고 불평하지 말고, 주어진 자원으로 주어진 성과를 내야 한다는 의미로 들렸다.

리더가 된 사람들은 대체로 책임감도 뛰어나고 업무 역량도 높다. 그런데 이게 말썽이 되는 경우가 많다.

'저 사람은 왜 저래? 왜 저렇게 열정이 없지?'

'아니, 그게 그렇게 어려워? 열심히 안 해서 그런 거 아니야?'

이런 걸 우리는 '고성과자의 저주'라 부른다. 언제나 좋은 성과를 내는 사람들은 성과가 나쁜 사람들을 잘 이해하지 못한다는 데서 비롯된 말이다. 구성원들은 리더에 비해 근무 경력이 짧고, 경험과 업무 지식이 부족한 경우가 대부분이다. 그리고 성과에 대한 책임감도 리더에 비해 상대적으로 낮다.

'리더는 자신보다 경험과 지식이 부족하고, 책임감과 역량이 상대적으로 낮은 사람들과 함께 일한다. 자신보다 역량과 책임감이 상대적으로 낮은 사람들과 함께 일하는 게 리더에게 주어진 환경이다.' 리더는 이 사실을 잊어선 안 된다.

우리나라 굴지의 전자회사 부사장에게 어떻게 그렇게 오랫동안 세계 1위의 위치를 지킬 수 있었는지 비결을 물었다. 그분은 겸손하게 말했다.

"비결이라고 할 것까진 없지만, 평범한 사람들의 열정을 한 곳으로 모으고, 직원들의 역량을 최대한 이끌어내려고 노력했던 게 비결이 아닐까 합니다."

이 말에서 성과를 잘 내는 리더들의 특징을 알 수 있다.

첫째, 성과를 잘 내는 리더들은 구성원들의 역량을 한 곳으로 모은다.

역량을 한 곳으로 모은다는 건 조직의 목표를 한 방향으로 정렬하는 것Alignment이다. 각자 하고 있는 일이 서로 다른 방향으로 중구난방이 되면 서로의 업무가 충돌하기도 하고, 하지 않아도 되는 일을 하기도 한다. 안 해도 되는 일을 계속하게 되면 다음과 같은 심각한 현상이 초래된다.

'열심히 할수록 힘과 노력이 더 소진된다.'

'조직의 자원이 낭비된다.'

'직원들이 무력감을 느낀다.'

'타성에 젖는다.'

'리더에 대해 반발심이 생긴다.'

'팀워크가 깨지고 조직이 혼란에 빠진다.'

'조직의 성장이 정체된다.'

피터 드러커의 말이 생각난다.

'하지 않아도 되는 일을 스마트하게 하는 것처럼 인생의 슬픈 일은 없다.'

조직의 목표를 한 방향으로 정렬한다는 건 '불필요한 일, 하지 않아도 되는 일'을 제거하고 '꼭 해야 하는 일, 생산적인 일'을 하는 것을 의미한다.

둘째, 직원들의 역량을 최대한 이끌어낸다.

이 말은 모든 걸 리더 혼자 하지 않는다는 뜻이다. 반대로, 모든 걸 자기가 해결해야 한다고 믿는 리더들이 있다. 조직에서 생기는 애로사항을 직접 나서서 해결한다. 다른 사람들로부터 칭송을 받게 되고 뿌듯함을 느낀다. 리즈 와이즈먼Liz Wiseman은 〈멀티플라이어〉에서 이런 리더들의 특징을 다음과 같이 말했다.

'리더가 모든 답을 제시한다.'

'사람들은 이에 익숙해져서 다음 지시가 내려오기만 기다린다.'

'사람들은 리더가 알려준 답에 맞춰 일한다.'

'리더는 자기가 없으면 사람들이 답을 찾지 못할 것이라 결론을 내리고 모든 일을 직접 처리한다.'

리드 와이즈만은 이런 조직은 결국 추락한다고 경고한다.

같은 맥락에서 〈초격차〉의 저자 권오현은 다음과 같이 말한다.

"임원으로 승진한 사람들에게서 발견한 공통점이 있습니다. 그들 중 대부분은 승진을 하면 일단 근무시간을 늘리기 시작합니다. 하루에 8시간 일하다가, 10시간, 12시간으로 늘려 나갑니다. 당연히 토요일 휴식도 반납합니다. 어떤 사람은 일요일까지 출근합니다. (중략) 그렇게 계속 무리를 하다가 급기야 건강을 해치는 경우도 종종 보았습니다."

권오현이 말하는 승진 후에 나타나는 부정적 현상을 정리하면 다음과 같다.

'근무시간이 늘어난다.'

'휴식 시간이 없다.'

'휴가를 가지 않는다.'

'회의 시간이 늘어난다.'

'정신없이 바쁘다.'

'단기성과에 집중한다.'

'미래를 불안해한다.'

이런 현상이 나타나는 이유는 자신이 모든 걸 다 처리해야 한다는 강박에 사로잡혀 있기 때문이다. 그런데 지속적으로 좋은 성과를 내고 성장하는 조직을 만드는 리더들은 혼자가 아니라 구성원과 함께 해야 더 좋은 성과를 낼 수 있다는 걸 잘 안다. 그래서 직원들의 역량을 최대한 이끌어내기 위해 노력한다. 이들은 조그만 고민이 생겨도 직원들과 함께 상의한다. 그 과정에서 직원들의 열정과 자발성을 이끌어내고 역량을 최대한 결집시킨다.

리더,
집단지성을 이끌어내라

경영환경이 녹록하지 않다. 4차 산업혁명이 경영환경을 어떻게 바꾸어 버릴지 알 수 없다. 불확실성의 시대다. 함께 일하는 MZ 세대들은 개인적 성향이 강하다. 이런 경영 환경에서 살아남기 위해선 그 어느 때보다 리더들의 역할이 더 중요해졌다. 이런 경영환경에 잘 대처하고 지속적으로 성장하기 위해선 리더에게 다음과 같은 역량이 요구된다.

첫째, 리더는 환경 변화의 흐름을 정확하게 꿰뚫어 보는 눈을 가져야 하고, 세상이 변해가는 소리를 들을 수 있는 열린 귀를 가져야 한다.

그렇게 되기 위해선 열린 태도Openness를 가져야 한다. 자신의 경험과 지식에 안주하지 않고 새로운 것들을 보고 들어야 한다. 고객의 소리도 들어야 하고, 경쟁자의 모습도 살펴야 한다. 무엇보다 중요한 건 함께 일하는 선배, 동료, 후배들의 이야기를 열린 태도로 듣는 것이다. 열린 눈과 귀를 가진 리더는 매일 발전할 수 있고, 매일 성장할 수 있다. 이런 리더는 조직이 날마다 새로워지게 해준다. 꼰대가 되지 않고 나날이 성장하는 리더가 되기 위한 첫 번째 요소가 열린 태도다. 매일 똑같은 방식으로 일하면서 다른 결과가 나오기를 기대하는 건 어불성설이다. 아인슈타인은 같은 방식으로 일하면서 다른 결과를 기대하는 건 '정신 이상Insane, Crazy'이라고 했다.

둘째, 경영환경의 변화를 잘 파악하고 난 후에는 조직이 나아갈 방향을 발견하고Discover 제시해야 한다. 조직이 성취해야 할 목표를 찾아내고 명확하게 하는 통찰이 있어야 한다.

셋째, 전략수립Strategy 능력이다. 목표를 발견하고 공유했으면, 목표 달성 전략을 만들어야 한다. 전략 수립과정에서 모든 구성원들의 참여를 이끌어내고 구성원들이 스스로 책임지고 일할 수 있도록 열린 소통을 통해 서로의 생각이 존중되는 조직 문화를 만들어야 한다.

넷째, 성취Achieve를 이끌어내야 한다. 리더는 전략 실행을 통해 구성원들이 작은 성취를 맛보게 해주고, 이 과정에서 구성원들이 일의 의미와 보람을 찾을 수 있도록 해줘야 한다.

오늘날의 리더에게 요구되는 역량을 다음과 같은 그림으로 표시할 수 있다.

이를 간단하게 말하면 '열린 태도, 조직의 나아갈 방향을 발견하는 능력, 전략을 수립하고 성취하는 능력'이다. 그러나 이런 역량은 리더 혼자 노력한다고 해서 갖춰지는 게 아니다. 구성원들의 힘과 지혜를 최대한으로 이끌어내야 비로소 가능해진다. 리더에게 요구되는 이러한 역할을 수행하고, 조직 구성원들의 역량을 최대한 이끌어내는 방법으로 그룹코칭이 떠오르고 있다. 많은 조직들이 그룹코칭에 관심을 가지기 시작했다. 그룹코칭을 통해 무엇을 할 수 있는지 궁금해 한다. 주로 이런 질문을 한다.

"그룹코칭이 뭐예요?"

"그룹코칭을 하면 뭐가 좋아요? 그룹코칭을 하면 어떤 이익이 있나요?"

"그룹코칭은 어떻게 하는 건가요?"

그룹코칭에 대해 말하기 전에 먼저 코칭에 대해 살펴보자. 코칭이란 무엇인가? 코칭은 다음과 같이 다양하게 정의할 수 있다.

'코칭은 개인과 조직이 나아갈 방향을 찾을 수 있도록 돕고, 목적을 달성할 수 있도록 지원하는 것이다.'

'코칭은 원하는 목표를 달성할 수 있도록 돕는 리더십 기법이다.'

'코칭은 개인의 잠재력을 일깨우고, 훌륭한 성과를 내고, 균형 있고 가치 있는 삶을 살게 해주는 기법이다.'

'코칭은 자신의 목표를 설정하고 실현하는 방법을 알게 해주고, 자신의 강점을 발견하여 능력을 최대한 발휘하도록 힘을 집중시키는 방법을 알게 해주고, 자신의 삶을 한 차원 더 발전시킬 수 있는 방법을 발견할 수 있도록 격려하고 지지하는 리더십 기법이다.'

코칭의 정의는 이처럼 다양하지만 직관적으로 코칭을 정의하면,

'선수가 게임을 잘할 수 있도록 돕는 것'이다. 운동선수의 코치를 연상하면 이해가 빠를 것이다. 개인 코칭은 이미 그 효과가 검증되어 각계각층에서 다양한 형태의 코칭이 이루어지고 있다. 개인 코칭의 효과가 입증되면서 차츰 그 영역이 넓어진 게 그룹코칭이다. 한 명의 코치가 한 명의 개인에게 코칭을 하는 것이 효과적일 때도 있지만, 조직의 경우엔 한 명의 코치가 여러 명을 동시에 코칭하는 것이 더 효과적인 경우도 있다. 이런 필요에 따라 개인 코칭은 한 명의 코치가 어려 명의 고객을 동시에 코칭하는 그룹코칭의 형태로 확장되었다.

제니퍼 브리튼Jennifer Britton은 그의 저서 〈그룹코칭의 핵심Essential Group Coaching〉에서 그룹코칭을 다음과 같이 정의한다. "그룹코칭은 개인적인 발전, 전문적인 발전, 목표 성취와 자기 인식 확장을 목적으로, 특정 주제를 가지거나 주제 없이 코칭의 원리를 적용하는 소규모 그룹 프로세스다."

진저 코커햄Ginger Cokerham은 그의 저서 〈그룹코칭Group Coaching〉에서 "그룹코칭은 전문적인 스킬을 보유한 코치가 이끄는, 개인이나 조직의 목표 성취를 원하는 사람들의 지혜와 경험, 에너지를 극대화하기 위해 촉진된 그룹 프로세스"라고 정의한다.

정리하면, 그룹코칭은 코칭의 원리를 적용한 그룹 프로세스다.

이 원리는 조직 활동에 그대로 적용된다.

조직은 그룹이 모여서 특정한 성과를 내는 집단이다. 그러므로 조직의 성패는 그룹이 얼마나 탁월한 성과를 내는지에 달려있다. 성과를 잘 내는 리더들을 살펴보면 그들이 다음과 같은 그룹코칭의 원리와 프로세스를 철저하게 따르고 있음을 알 수 있다.

첫째, 리더 혼자 일하는 것보다 구성원들과 함께 일하는 게 더 효과적이라는 걸 잘 안다.

둘째, 구성원들의 자발적인 참여를 이끌어내기 위해선, 구성원들이 자신의 의견을 자유롭게 말할 수 있는 환경이 필수적이라는 걸 잘 안다.

셋째, 구성원들과 함께 조직의 목표를 수립하고, 함께 해결 방안을 찾을 때 구성원들은 스스로 동기부여 된다는 것을 잘 안다.

넷째, 이런 믿음에 기초하여, 구성원들의 다양한 의견을 촉진하고 상호 자극하는 분위기를 통해 집단지성을 이끌어낸다.

이게 바로 탁월한 성과를 내는 리더가 일하는 방식이다. 그들은 단순하게 일만 하는데 그치지 않고, 일하는 과정을 통해 서로의 경험을 공유하고 지속적인 성장을 추구한다. 이는 그룹코칭이 지향하는 바와 정확하게 일치한다. 같은 노력으로 더 좋은 성과를 내는 것이 그룹코칭이 지향하는 바이다.

탁월한 성과를 내는
GCE 그룹코칭 모델

어떤 일을 하는 데는 그에 맞는 효과적인 방법이 있다. 바둑을 둘 때는 포석과 정석을 배우고, 목수는 연장 다루는 방법을 배우고, 외과의사는 수술도구 다루는 방법을 배운다. 이들의 공통점은 일의 원리를 먼저 이해하고, 도구를 효과적으로 활용한다는 것이다. 마찬가지로 그룹코칭도 원리와 방법이 있다. 그룹코칭의 원리와 방법을 한 눈에 이해하고 활용할 수 있도록 하기 위해 저자들이 고안한 것이 GCE 그룹코칭 모델이다.

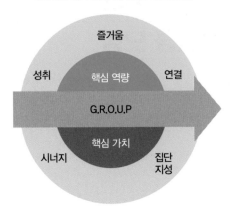

GCE(Group Coaching Essentials) 모델

GCE 그룹코칭 모델Group Coaching Essentials(이하 GCE)의 구조를 살펴보자. 그림에서 보는 것처럼, 이 모델을 둘러싸고 있는 원은 그룹코칭의 핵심요소Core Elements다. 이는 그룹코칭을 진행하는데 반드시 필요한 요소들로 즐거움, 연결, 집단지성, 시너지, 성취의 5가지로 이루어져 있다. 이는 성공적인 그룹코칭을 위한 환경을 의미한다. 그룹코칭은 참가자들의 자발적이고 자유로운 참여가 필수적이다. 그러므로 그룹코칭의 핵심요소는 안전하고 자유로운 그룹코칭환경을 만드는데 꼭 있어야 할 요소들이다.

그룹코칭의 핵심요소(Core Elements)

이 모델의 중앙에는 그룹코칭의 핵심가치와 핵심역량이 위치하고 있다. 이는 그룹코칭을 진행하는데 있어 리더 또는 코치가 가져야 할 마음가짐과 갖추어야 할 역량을 나타낸다. 이들이 이 모델의 중앙에 위치하고 있는 건 핵심가치와 핵심역량이 이 모델을 작동하게 해주는 엔진에 해당한다는 의미다. 핵심가치는 그룹코칭이 작동하는 원리에 대한 것이고, 핵심역량은 그룹코칭을 진행하는 방법에 대한 것이다. 모든 일에 있어서, 원리와 방법이 동시에 적용되는 것처럼 그룹코칭도 마찬가지다. 원리와 방법을 철저하게 이해하고 구체적으로 활용할 수 있을 때, 비로소 그룹코칭의 목적을 달성할 수 있다.

그룹코칭의 핵심가치와 핵심역량

마지막으로, 이 모델을 횡으로 가로지르고 있는 G.R.O.U.P는 그룹코칭을 진행하는 프로세스다. 이는 그룹코칭을 진행하는 순서에 대한 안내이고, 그룹코칭의 핵심가치를 발현하는 방법에 대한 안내이며, 그룹코칭의 핵심역량을 발휘하는 방법에 대한 안내이다. 이 프로세스를 따라 그룹코칭을 진행하면 탁월한 성과를 낼 수 있다.

그룹코칭의 프로세스(G.R.O.U.P)

GCE 모델의 구조를 이해했다면, 각 항목들이 지니고 있는 세부적인 내용을 알아야 할 것이다. 그룹코칭을 한다는 건 GCE 모델의 구조를 잘 이해하고, 각 요소들을 현장에서 잘 실천하는 걸 의미한다. 그룹코칭에 참여하는 사람들이 무엇을 원하는지, 어떻게 목적을 달성할 수 있는지 등에 대해, 참가자들의 집단지성을 이끌어내고 그 과정에서 시너지를 내고, 성취를 이루는 것이 그룹코칭의 프로세스다.

GROUP
COACHING

2장.

탁월한 성과를 내는 그룹코칭 프로세스

그룹코칭의 프로세스
G.R.O.U.P

그룹코칭의 프로세스 G.R.O.U.P

Greetings	친밀하고 안전한 공간 만들기
Revisit	실행을 공유하고 학습을 심화하기
Objective	초점을 명확하게 하기
Understanding	집단지성을 이끌어내기
Planning	실행계획 수립하기

G.R.O.U.P는 그룹코칭을 진행하는 순서다. 편안하고 자유롭게 참가자들의 의견을 이끌어내어 집단지성으로 연결하고, 최종적

으로 성취를 이루어 낼 수 있게 하는 그룹코칭의 프로세스에 대한 것이다. G.R.O.U.P는 아래 그림에서 보는 것처럼 Greetings, Revisit, Objective, Understanding, Planning의 머리글자의 합성어이다. 각 단계에 대해 차례로 살펴보자.

Greetings :
친밀하고 안전한 공간 만들기

조직에 특정한 이슈가 있을 때, 이에 대해 만족할만한 성과를 얻기 위해 그룹코칭을 진행한다. 보통의 경우, 그룹코칭에서 다루는 주제는 일상적인 것을 넘어선다. 예를 들어, 갑자기 이직률이 높아졌을 경우에 그 이유가 무엇인지, 어떻게 하면 이직률을 낮출 수 있겠는지 등의 대안을 찾기 위해 그룹코칭을 진행한다. 또 팀에 갈등이 자주 발생할 경우에 갈등의 원인이 무엇인지, 어떻게 하면 갈등을 해소할 수 있는지 등에 대한 해결책을 찾기 위해 그룹코칭을 진행하기도 한다. 조직들은 주로 다음과 같은 이슈가 있을 때 그룹코칭을 통해 해결책을 찾으려고 한다.

- 팀의 목적을 공유하고 한 방향으로 정렬해야 할 필요가 있을 때
- 팀 갈등을 해결하고자 할 때
- 팀워크를 개선해야 할 이슈가 있을 때
- 팀 커뮤니케이션을 활성화하고자 할 때
- 팀 리더들의 리더십 역량을 향상하고자 할 때
- 기타 해결해야 할 팀 이슈가 있을 때

이처럼 그룹코칭에서 다루는 주제들은 대체로 가볍지 않다. 주제의 특성상 참가자들의 적극적인 참여를 이끌어내지 못하면 그룹코칭은 수박 겉핥기식 회의로 전락하고 만다. 그룹코칭이 성공하기 위해선 참가자들의 적극적인 참여가 필수적이다. 그러나 현실적으론 다루는 주제가 무겁기도 하고 평소 잘 생각하지 않던 내용이라 선뜻 이야기 꺼내기를 망설인다. 또 자신의 이야기가 다른 사람들에게 어떤 영향을 미칠지 염려되기도 하고, 평가받거나 비판받을지 모른다는 걱정을 하기도 한다. 참가자들은 대체로 서로 눈치를 보고 조심한다. 그러므로 참가자들의 자발적이고 적극적인 참여를 이끌어내기 위해선 마음 놓고 자유롭게 말할 수 있는 환경을 만드는 게 필수적이다. 어떤 이야기를 하더라도 비난받지 않고 존중된다는 믿음이 있을 때 참가자들은 비로소 마음을 열 수 있다. 이런 믿음을 가지게 하는 게 그룹코칭의 문을 여는 첫 단계이다.

이 단계를 그리팅스^{Greetings}라 한다.

참가자들은 대부분 그룹코칭에 참석하기 직전까지 자신의 업무를 하다가 온다. 몸은 그룹코칭 시간에 참석했지만 여러 가지 업무 생각들로 머리가 복잡하다. 어떤 경우엔 너무 피곤해서 코칭에 몰입하기 어려울 때도 있다. 이럴 때 준비동작 없이 바로 코칭주제로 들어간다면 참가자들의 몰입을 이끌어내기 어렵다. 몸과 마음이 동시에 그룹코칭 시간에 함께 할 수 있도록 준비운동을 할 필요가 있다. 참가자들의 머리를 가볍게 하고 기분을 전환해 줌으로써 그룹코칭에 몰입할 수 있는 환경을 만들어야 한다. 이런 환경을 만들기 위해 그리팅스 단계에선 주로 가벼운 아이스브레이킹을 한다. 어떤 아이스브레이킹을 사용할지는 그날의 주제에 따라 달라진다. 효과적인 아이스브레이킹을 위해선 다음 사항을 고려해야 한다.

첫째, 호기심을 불러일으키는가?

어떤 아이스브레이킹을 사용할 것인지 결정할 때 잊지 말아야 할 것이 있다. 아이스브레이킹을 하는 목적이다. 단순한 즐거움을 위해 유머나 게임 등을 하는 건 바람직하지 않다. 아이스브레이킹을 통해 그룹코칭에 대한 호기심을 불러일으킬 수 있어야 한다.

'오늘 그룹코칭이 재미있을 것 같군!'

'뭔가 기대되는데...'

'코치가 우리들을 배려하는 게 느껴지네~'

'오늘 그룹코칭이 뭔가 보람 있을 것 같군!'

아이스브레이킹은 일상의 업무에서 벗어나서 그룹코칭에 몰입할 수 있는 분위기를 만드는 것이다. 아이스브레이킹을 통해 기분이 전환되고 마음이 가벼워져서 참가자들끼리 친밀감을 느끼게 하고 그룹코칭에 대한 호기심을 불러일으키게 하는 게 중요하다.

둘째, 주제와 관련이 있는가?

주제와 관련이 있는 아이스브레이킹을 선정하는 건 매우 중요하다. 아이스브레이킹을 할 때는 유쾌하게 웃고 재미있었는데, 끝나고 나서 '이게 뭐지? 이런 걸 하려고 이 바쁜 시간에 모였나? 그래서 뭘 어쨌다는 건데?' 등의 반응이 나온다면 낭패가 아닐 수 없다. 예를 들어, 오늘 코칭의 주제가 '공감적 경청'이라고 하면, 공감적 경청과 관련 있는 아이스브레이킹이 필요하고, 주제가 '신뢰받는 팀장 되기'라면 또 그에 맞는 아이스브레이킹을 준비하는게 좋다. 이에 대해선 실전 코칭 사례를 통해 자세하게 살펴보기로 한다.

셋째, 참가자들의 친밀감을 촉진하는가?

단순한 재미를 위해 참가자들의 경쟁을 유도하는 아이스브레이킹은 바람직하지 않다. 그리팅스 단계의 아이스브레이킹은 참가자들끼리 친밀감을 느끼고, 어떤 이야기를 해도 안전하다는 걸 느끼게 함으로써, 다양한 아이디어를 이끌어내고 보다 좋은 해결책을 찾기 위한 환경을 만드는 것이라는 걸 잊어선 안 될 것이다.

넷째, 자긍심을 불러일으키는가?

아이스브레이킹의 재미를 더하기 위해 참가자들 중에 누군가를 망신주거나 웃음거리로 만드는 활동을 한다면 어떻게 될까? 그리고 어떤 활동이 참가자들을 의기소침하게 만든다면 어떻게 될까? 그 활동이 아무리 재미있다 해도 그룹코칭을 망가뜨릴 수 있다. 아이스브레이킹은 참가자들이 자긍심을 느낄 수 있는 것으로 선정해야 한다. 예를 들면, '나는 이럴 때 멋지다... 나는 소중한 사람이다. 왜냐하면...', '나는 감사한 사람이다. 왜냐하면...' 등의 자기소개로 시작하거나, '최근에 내가 잘한 일... 최근에 보람 있었던 일... 최근에 한 일 중에서 칭찬받을 만한 것...' 등의 이야기로 시작하는 것이다. 이 활동의 초점은 참가자들이 자신의 이야기를 하면서 스스로 자긍심을 느끼게 하는 것이다.

다섯째, 시간은 적정한가?

만약, 2시간짜리 그룹코칭에서 아이스브레이킹에만 1시간을 사용한다면 어떻게 될까? 이런 극단적인 경우는 없겠지만, 가끔씩 아이스브레이킹에 지나치게 많은 시간을 쓰는 코치들이 있다. 아이스브레이킹은 그룹코칭을 원활하게 진행하기 위한 도구이지 그 자체가 목적은 아니라는 걸 잊어선 안 된다. 아이스브레이킹은 적절한 시간 동안 진행해야 한다. 아무리 재미있고 즐거운 아이스브레이킹이라 하더라도 지나치게 많은 시간을 사용하면 오히려 역효과를 일으킨다. 보통의 경우, 2시간의 그룹코칭이라면 아이스브레이킹 시간은 약 5분 ~ 10분 내외가 적절할 것이다.

Revisit :
실행을 공유하고 학습을 심화하기

리비짓Revisit은 다시 방문한다는 뜻으로, 지난 코칭세션에서 도출한 실천계획을 어떻게 실천했는지, 실천을 통해 무엇을 느꼈는지 등을 서로 공유하는 것이다. 이 단계는 그룹코칭의 꽃이다. 이 단계를 통해 참가자들은 자신의 실천내용을 뒤돌아보고, 다른 사람의 실천내용을 들으면서 서로 배운다. '나는 이렇게 했는데 저 사람은 저렇게 했구나. 나도 다음엔 저렇게 해봐야겠다. 나는 제대로 열심히 하지 않았는데 다른 사람들은 모두 열심히 했구나.'하는 식의 성찰이 일어나고 다음엔 더 잘해야겠다는 다짐을 한다. 리비짓은 다음과 같은 의미가 있다.

첫째, 과제의 중요성을 일깨운다.

이 단계에선 지난 시간에 다루었던 내용이 무엇인지, 어떤 내용을 실천했는지, 그 과정에서 무엇을 배웠는지, 앞으로 어떻게 하고 싶은지 등에 대해 참가자들끼리 이야기를 나눈다. 세션을 시작하면서 실천내용을 중요하게 다루면, 참가자들에게 실행계획을 꼭 실천해야 한다는 메시지가 전달된다. 다른 사람들은 모두 실천을 했는데 자신만 실천하지 않았을 경우엔 자신의 태도에 대한 성찰이 일어나기도 한다.

둘째, 학습이 심화된다.

다른 사람들이 실천한 내용을 들으면서 공감이 되기도 하고, 새로운 자각이 생기기도 한다. 반대로 자신의 실천내용이 다른 사람들에게 도움을 주기도 한다. 이처럼 실천내용의 공유를 통해 실천하면서 느꼈던 것들에 대해 새로운 자각이 일어나기도 하고, 학습이 심화되기도 한다.

셋째, 실행력이 강화된다.

코칭을 진행하는 시간보다 코칭세션과 코칭세션 사이의 시간이 훨씬 길다. 코칭세션은 일정한 시간을 할애해서, 실제의 삶에서 실행할 내용을 도출하고 실행을 다짐하는 시간이다. 코칭시간에 다짐만 하고 실제론 실천하지 않는다면 코칭의 목적을 제대로 달성하기 어려울 것이다. 코칭시간에도 성찰과 자각이 일어나긴 하지만, 실제의 변화는 일상의 삶에서 일어난다. 그러므로 코칭 세션에서 다짐한 내용을 실천하는 게 매우 중요하다. 리비짓 단계에서 실천내용을 공유하는 건 그 자체로 실행력을 높여준다. 다른 사람의 실천내용을 들으면서 배우기도 하고, 자신도 더 잘 실천하고 싶은 마음이 생긴다. 일부 코치의 경우 시간에 쫓겨 리비짓을 못하는 경우가 있다고 하는데 이는 본말전도다. 그룹코칭의 성과를 제대로 못 내는 코치들을 보면 리비짓을 소홀히 하는 경우가 많다. 리비짓의 목적과 의미를 제대로 잘 알지 못하기 때문이다. 리비짓을 하지 않는다는 건 숙제를 내주고 숙제 검사를 안 하는 것과 같다. 또한 참가자들에게 실천계획을 실천하지 않아도 된다는 신호를 주는 셈이 된다. 시간에 쫓겨 리비짓을 생략하고 싶은 마음이 든다면 스스로에게 질문을 해야 한다.

"코칭을 하는 이유가 무엇인가? 무엇을 위해 코칭을 하는가?"

코칭세션을 통해 도출한 실천계획의 실천을 통해 실제 삶의 변화를 가져오는 게 코칭의 목적임을 잊지 말아야 할 것이다.

Objective :
초점을 명확하게 하기

오브젝티브^{Objective}는 해당 코칭세션의 주제를 확인하는 단계이다. 여기서 코칭목표와 코칭주제라는 용어를 사용하는데 다음과 같이 구분한다.

- 코칭목표 : 전체 코칭세션을 통해 이루고자 하는 목표를 말한다.
- 코칭주제 : 코칭목표를 달성하기 위한 세부적인 방법이다. 각 코칭 세션별로 다룰 주제를 정한다. 해당 세션의 주제, 회차별 주제 등으로 부른다.

예를 들면, 다음과 같다.

- 코칭목표 : 소통을 잘하는 리더 되기
- 코칭주제 : 경청 잘하기, 질문 잘하기, 인정 잘하기 (소통을 잘하기 위한 구체적인 방법이다.)
    - ○번째 세션의 주제 : 경청 잘하기
    - ○번째 세션의 주제 : 질문 잘하기
    - ○번째 세션의 주제 : 인정 잘하기

첫 세션 또는 두 번째 세션에서 코칭목표와 향후 세션에서 다룰 코칭주제를 합의한다. 이때 코칭에 대해 합의한다는 건 단순히 목표와 주제를 정한다는 것 이상의 의미를 가진다. 다음의 일련의 작업을 함께 수행하는 것이 코칭을 합의하는 것이다.

- 고객 및 관련 이해당사자들과 전반적인 코칭 계획 및 목표를 함께 세운다.
- 코칭세션에서 달성하고자 하는 것을 정의하거나 재확인한다.
- 코칭세션에서 달성하고자 하는 걸 얻기 위해 고객이 다루거나 해결해야 된다고 생각하는 것을 분명히 한다.
- 코칭에서 고객이 달성하고자 하는 것에 대한 성공 척도를 정의하거나 재확인한다.
- 고객과 함께 세션의 시간과 초점을 관리한다.

첫 세션의 오브젝티브 단계에선 전체 그룹코칭의 코칭목표를 합의하고, 중간 세션의 오브젝티브 단계에선 해당 세션의 코칭주제를 확인한다. 중간 세션의 코칭주제는 첫 세션에서 합의된 코칭목표에 따라서 세부적으로 결정된다. 예를 들면 다음과 같다.

- 대상 및 일정 : 신임 팀장 대상, 2시간씩 6회 그룹코칭 실시
- 첫 세션에서 정한 코칭목표 : 팀장 리더십 역량 강화하기
- 코칭목표를 달성하기 위해 중간의 각 세션에서 다룰 코칭주제 : 팀워크 강화하기, 소통을 잘하기, 차별화된 성과 내기.

오브젝티브 단계에서 코칭주제가 변경되는 경우도 있다. 총 6차의 코칭 중 3차 세션에서 주제가 변경되었던 사례를 보자. 1차 세션에서 코칭목표와 코칭주제를 합의했고, 2차 세션에서는 팀워크를 강화하는 방법에 대해 코칭이 진행됐다. 3차 세션의 코칭주제는 '소통을 잘하기'였는데, 3차 세션의 오브젝티브에서 코칭주제를 확인하는 과정에서 다음과 같이 코칭주제 변경 사유가 발생했다.

- 코치 : 오늘 다룰 코칭주제가 무엇이었나요?
- 참가자A : 소통을 잘하는 방법입니다.
- 참가자B : 코치님, 저희들이 팀장이 된 지 얼마 되지 않아서 그런지 팀장이 수행해야 할 역할에 대해 정리가 되지 않은 것 같습니다. 오늘은

팀장의 역할과 책임에 대해 다루면 어떨까요?

· 코치 : 그러시군요. 다른 분들은 어떻게 생각하십니까?

· 참가자들 : 예. 좋습니다. 팀장의 역할과 책임에 대해 다루면 좋겠습니다.

이렇게 코칭이 진행되면서 해당 세션의 코칭주제가 바뀔 수도 있다. 그러므로 매 코칭 세션마다 코치는 오브젝티브 단계에서 해당 세션의 주제를 명확하게 확인하고 참가자들과 합의한 후에 코칭을 진행해야 한다.

Understanding :
집단지성을 이끌어내기

오브젝티브가 코칭주제를 합의하는 단계라면, 언더스탠딩은 오브젝티브 단계에서 합의한 코칭주제에 대해 해당 코칭세션을 통해 집단지성을 이끌어내는 단계다. 언더스탠딩은 코칭주제에 대해 본질적으로 이해하고, 다양한 관점에서 문제를 이해함으로써 보다 나은 해결책을 찾는 것이다. 이 단계에선 코칭주제에 대해 그런 현상이 발생한 원인을 살펴보고, 그로 인해 어떤 문제가 발생하고 있는지, 어떻게 해결하고 싶은지, 어떤 방법으로 해결할 수 있는지 등에 대해 참가자들의 다양한 의견을 이끌어낸다. 이 과정에서 혼자 생각했을 땐 알지 못했던 측면을 알게 되기도 하고, 다양한 관점에서 문제를 바라봄으로써 보다 나은 해결책을 이끌어내기도 한다. 이런 과정을 일컬어 집단지성을 이끌어내는 것이라 한다. 집단지성을 이끌어내는 것, 이게 바로 그룹코칭이 다른 문제해결 방법보다 강력한 이유다. 이 단계에선 코칭 대화모델을 활용하는데, 여러 가지 대화모델이 있지만 GROW 모델이 가장 간단하고 강력하다.

GROW 모델은 다음과 같이 구성되어 있다.

- Goal(목표 설정) : 목표가 무엇인가? 어떻게 되고 싶은가? 그렇게 되면 어떤 점이 좋은가?
- Reality(현실 확인) : 현재 상태는 어떤가? 어떤 애로사항이 있는가?
- Option(대안 탐색) : 어떤 해결 방안이 있겠는가? 더 시도해 보고 싶은 것은 무엇인가? 또 다른 것은?
- Will(실행 의지) : 구체적으로 무엇을 실천하겠는가? 언제까지 하겠는가? 실행을 잘하고 있다는 것을 어떻게 알 수 있는가? 어떻게 측정하겠는가?

GROW 모델을 활용하여 언더스탠딩 단계를 진행하는 예시를 보자.

'소통을 잘하는 리더 되기'가 코칭목표이고, 해당 세션의 코칭주제가 '경청을 잘 하는 방법'이라 하자.

- Goal : 경청을 잘한다는 건 어떤 모습인가? 어떻게 경청하고 싶은가? 그렇게 되면 어떤 점이 좋은가?

- Reality : 현재의 경청 상태는 어떤가? 경청을 하는데 어떤 어려움이 있는가?

- Option : 되고 싶은 상태가 되기 위해 어떤 해결 방안이 있겠는가? 더 시도해 보고 싶은 방법은 무엇인가? 또 다른 방법은 무엇인가?

- Will : 구체적으로 무엇을 실천하겠는가? 언제까지 하겠는가? 경청을 잘하고 있다는 것을 어떻게 알 수 있는가? 어떻게 측정하겠는가?

이런 방식으로 GROW 모델을 활용하여 참가자들의 생각을 이끌어내고, 정리 정돈하게 하고, 실행계획을 만드는 것이 언더스탠딩 단계에서 하는 일이다.

Planning :
실행계획 수립하기

플래닝Planning 단계에선 해당 그룹코칭을 마무리하면서 언더스탠딩 단계에서 살펴본 여러 가지 아이디어에 대해 실제로 실천할 것을 선정한다. 실행계획을 수립하고, 실행의지를 높이는 단계다. 이때 주로 '배성실' 도구를 사용한다. '배운 것, 성찰한 것, 실천할 것'을 줄여서 '배성실'이라 부른다.

- 배운 것 : 오늘 코칭을 통해 무엇을 배웠는가?
- 성찰한 것 : 오늘 코칭을 통해 어떤 성찰이 있었는가?
- 실천할 것 : 앞으로 무엇을 실천하겠는가?

그룹코칭에서 배운 것, 성찰한 것, 실천할 것에 대해 각자 개인적으로 작성하고 난 후에 참가자들끼리 공유하게 한다. 개인적으로 작성하면서 알아차림이 생기고, 참가자들끼리 공유하면서 학습이 심화되고 실행 의지가 높아진다.

'배성실' 대신 'SCS' 도구를 사용하기도 한다. 'Stop, Continue, Start'를 줄여서 'SCS'라 부른다.

- Stop : 그만 두어야 할 것은 무엇인가?
- Continue : 지속해서 실천할 것은 무엇인가?
- Start : 앞으로 새롭게 시작해야 할 것은 무엇인가?

어떤 행동을 그만 두어야 하고, 어떤 행동은 계속해야 하며, 어떤 행동을 새롭게 시작해야 하는지 다짐하는 시간이다. 이 단계를 통해 스스로를 돌아보면서 성찰하게 되고, 구체적인 행동을 이끌어냄으로써 실행력이 높아진다. 개인적으로 작성하고 난 후에 전체가 서로 공유함으로써 시너지를 낼 수 있다.

GROUP
COACHING

3장.

사람을 이해하는 핵심가치

어떤 사람이 말했다. "코치님, 저는 성격이 급해서 화를 잘 냅니다. 그래서 직원들에게 본의 아니게 화를 잘 내는 거 같습니다." 코치가 물었다. "그러시군요. 주로 누구에게 화를 내시나요?" 그 사람은 주로 부하직원들에게 화를 내고 있었다. 상사들에겐 전혀 화를 내지 않았다. 왜 그럴까? 그 사람의 무의식에 상사에겐 화를 내면 안 되고, 부하에겐 화를 내도 괜찮다는 생각이 깔려있기 때문일 것이다. 이처럼 사람의 행동은 자신의 무의식이 상대방을 어떻게 바라보고 있는가에 영향을 받는다. 이는 코칭 관계에서도 똑같이 적용된다. 코치가 마음속으로 참가자들의 역량을 무시하고 부정적인 시선으로 바라보면서 창의적인 아이디어와 집단지성을 이끌어내겠다는 건 어불성설이다. 마치 모래알로 밥을 짓겠다는 것과 같다. 코치의 무의식에 참가자들은 어떤 사람인가? 코치는 참가자들을 어떻게 이해하고 있는가? 코치가 참가자들을 어떻게 이해할 때 동기부여 되고 자발적으로 참여하는가? 코치가 사람을 이해하는 원리는 무엇인가? 우리는 사람을 다음과 같은 존재로 이해한다.

'사람들은 존중받고 싶어 한다.'

'사람들은 자신에 대해 이해받고 싶어 한다.'

'사람들은 공감받고 싶어 한다.'

'사람들은 탁월한 성과를 내고 싶어 한다.'

코치의 무의식에 저장되어 있는 생각은 그룹코칭 과정에 그대로 반영된다. 그래서 우리는 참가자들에 대한 코치의 인식을 의미하는 핵심가치를 가장 중요하게 여긴다. 그런 까닭에 핵심가치는 1장에서 살펴본 GCE 모델 중앙의 원에서 아래쪽 반원에 위치하고 있다. 이 모델의 주춧돌이며 모델이 작동하는 기반이다. 핵심가치는 다음 그림과 같이 4가지 가치(존중, 이해, 공감, 탁월성)로 구

그룹코칭의 핵심가치

성되어 있다.

　핵심가치는 코칭을 작동하게 하는 근본 원리로서 코치가 체화해야 할 마인드를 제시한다. 참가자들이 어떤 상태에 있든 그들의 상황을 존중하고, 그들이 어떤 가치관을 가지고 있든 그들의 가치관을 존중하며, 그들이 어떤 욕구를 가지고 있든 그들의 욕구를 존중하는 것으로 시작한다. 평가하거나 판단하지 않고 있는 그대로의 그들을 존중하는 것이다. 그리고 그들을 이해하고 공감하면서 그들의 탁월함을 이끌어내는 것이다.

존중,
사람을 움직이는 힘

대기업 신입사원으로 입사해서 CEO 자리까지 오른 분에게 들은 이야기다.

"저는 성과가 저조한 직원들을 무시하지 않으려고 부단히 노력했습니다. 저도 사람인지라 마음속에서 무시하는 생각이 들 때가 있습니다. 그러면 저는 깜짝 놀라며 마음을 다시 챙깁니다. 혹시 내가 무시하고 있는 마음이 말이나 행동으로 무의식적으로 전해진 건 아닌지 돌이켜봅니다. 제가 자기를 무시하고 있다는 걸 알게 되면 그 직원은 일할 맛이 나지 않을 겁니다. 저는 어떤 경우에도 직원을 무시하지 않으려고 노력했고, 오히려 그 직원의 부족한 부분을 어떻게 도와줄 수 있을지 고민했습니다."

그는 직원들을 무시하지 않은 게 자신의 승진 비결이라고 했다.

어떤 리더를 믿고 따르는지 사람들에게 물었다. 주로 이런 대답이 돌아왔다.

'저를 알아주는 사람입니다.'

'저를 믿어주는 사람입니다.'

'저를 무시하지 않는 사람입니다.'

'저를 존중해 주는 사람입니다.'

사람들은 자신을 무시하지 않고 존중하며, 자신을 알아주고, 믿어주는 사람을 잘 따른다고 대답했다.

여기서 말하는 존중은 '존경'을 말하는 게 아니다. 또한 칭찬을 하는 것도 아니다. 다만, 있는 그대로의 존재를 인정하는 것이다. 어떤 사람을 존중한다는 건 그 사람의 삶에 대한 경험을 무시하지 않는 것이며, 그 사람의 가치관과 신념을 존중하는 것이다. 또한 그 사람의 스타일을 존중하는 것이다. 존중한다는 건 단순히 상대방을 무시하지 않는 걸 넘어서 그 사람의 성품과 잠재력, 가치 등을 알아주는 것이다.

만약, 그룹코칭을 진행하는 코치가 이런 생각을 하면 어떻게 될까?

'이 사람들 수준이 떨어지네.'

'이 사람들 부정적이네.'

'이 사람들 가능성이 없겠는 걸.'

'이 사람들 내가 한 수 가르쳐줘야 되겠군.'

코치에게 이런 판단들이 강하게 작동하면 그룹코칭은 망가지고 만다. 코치가 참가자들에 대해 가르치려 하는 마음이 있거나, 그들이 소극적이라거나 비판적이라고 생각할 때 참가자들은 더욱 움츠러들고 방어적이 된다. 코치는 이런 생각이 올라올 때마다 이게 자신의 판단임을 알아차려야 한다. 참가자들이 그렇게 행동하는 데는 반드시 이유가 있다. 조직이 그들을 강압적으로 대했거나, 제대로 된 보상을 제공하지 않았거나, 그룹코칭을 한다는 명목으로 억지로 끌고 가려 했을 수도 있다.

그룹코칭이 제대로 된 성과를 내기 위해선 코치는 다음과 같은 노력을 해야 한다.

- 그들이 지금처럼 행동하는 데는 그럴 만한 이유가 있다는 걸 믿는다.
- 그들이 지금보다 조금이라도 더 잘할 수 있다는 가능성을 믿는다.
- 그들의 약점을 찾아내려 하기보다, 강점이 무엇인지에 초점을 맞춘다.
- 그들의 성장 발전을 지원하기 위해 진심으로 노력한다.

인도에 '상불경보살常不輕菩薩'이라는 사람이 있었다. '상불경'은 언제나 다른 사람을 경시하지 않는다는 뜻이다. 이 사람은 특별한 수행을 한 것 없이 단지 다른 사람들을 무시하지 않고 공경하는 마음을 가졌을 뿐인데 보살이 되었다고 한다. 다른 사람을 무시하지 않고 공경한 것이 도를 통하고 성불하는 비결이었다고 한다. 코치의 마음가짐도 이래야 한다고 생각된다. 코치가 참가자들의 가능성을 믿고, 그들의 강점에 초점을 맞추고, 성장을 지원하는 노력을 기울이면 참가자들은 최고의 역량을 발휘하게 된다.

그룹코칭에선 '아무도 틀리지 않는다.Nobody gets to be wrong'고 말한다. 이 말은 어떤 사람의 말도 존중된다는 뜻이다. 서로 다른 의견일지라도 '옳고 그름'을 다투지 않고, '다름'의 차원에서 존중된다. 이런 환경이 조성돼야 비로소 참가자들은 안전하고 자유롭게 자신의 의견을 말할 수 있다. 서로에 대한 존중을 통해 코치와 참가자들 사이에 더 깊은 연결이 일어난다. 존중은 그룹코칭의 핵심가치로서 사람을 움직이게 하는 힘의 원천이다.

이해,
마음을 읽는 비결

그룹코칭의 두 번째 핵심가치는 이해다. 존중이 존재 자체에 관한 것이라면, 이해는 현재 상태에 관한 것이다. 그 사람의 감정이 어떤지, 어떤 생각을 하고 있는지, 어떤 욕구를 가지고 있는지 등 그 사람의 현재 상태를 온전하게 이해하는 것이다. 이를 일러 그 사람의 마음을 알아준다고 말한다. 그렇다면 마음이란 무엇인가? 심리학에서는 현재 의식, 자아의식, 무의식을 모두 포함하는 개념을 마음이라 하고, 불교철학에서는 6식(의식), 7식(분별식), 8식(저장식)을 모두 포함하여 마음이라 부른다. 심리학과 불교철학에서 말하는 마음은 다소 어렵고 막연한 개념으로 실제 코칭 현장에서 적용하긴 어렵다. 실제 코칭 장면에서 활용할 수 있으려면 마음을 다

음 그림처럼 간단한 개념으로 정리할 필요가 있다

마음 = 기분 + 생각 + 욕구

이 그림에 의하면, 사람을 이해한다는 건 그 사람의 마음을 이해하는 것이고, 마음을 이해한다는 건 그들의 기분, 생각, 욕구를 이해하는 것으로 정리할 수 있다. 조금 더 자세하게 살펴보자.

첫째, 기분(감정)을 이해한다.

우리는 외부로부터 자극이 주어지면 즉각적으로 반응한다. 이때 가장 먼저 드러나는 게 감정이다. 순간적으로 드러나는 감정은 우연하게 나오는 게 아니라, 살아오면서 쌓아온 지식과 경험, 가치관, 신념 등 인생의 모든 것이 녹아있는 필터를 통해 순간의 감정으로 표출되는 것이다. 어떤 감정이 순간적으로 일어날 때 그건 옳고 그름의 문제가 아니라 그 사람의 삶 전체가 그 순간에 표현되는 것이다. 그래서 감정을 '존재의 표현'이라 한다. 따라서 감정을 알아준다는 건 결코 시시한 게 아니다. 한 사람의 인생 전체를 알아주는, 실로 엄청난 일이다. 학문적으론 감정과 기분은 다소 차이가 있지만, 현실 적용의 편의상 우리는 감정과 기분을 동일한 개념으로 다루기로 한다.

어떤 사람의 기분이 우울하거나 무거울 때, 이를 아랑곳하지 않고 곧바로 코칭주제로 들어간다면 그 사람의 창의적 생각을 이끌어내기 어려울 것이다. 다음과 같이 참가자들의 기분을 물을 필요가 있다.

"지금 기분이 어떠세요?"

"지금 마음이 어떠세요?"

"혹시 불편한 건 없나요?"

혹시 불편하다거나, 기분이 좋지 않다거나, 마음이 아프다는 등의 대답이 나올 게 염려돼서 이런 질문을 하지 못하겠다면, 염려하지 않아도 된다. 참가자들은 이런 질문을 받으면 오히려 존중받는다고 느낀다. 실제로 불편한 마음이 있는데 그걸 덮어 두고 코칭을 시작하는 것보다 드러내고 다루는 게 훨씬 효과적이다.

둘째, 생각을 이해한다.

마음은 감정으로 표출되기도 하고 '생각'으로 드러나기도 한다. 이때의 생각은 그 사람의 가치관이나 판단, 신념 등의 인식 작용을 말한다. 인식 작용은 그 사람의 존재를 그대로 드러낸다. 그런 측면에서 어떤 사람의 생각을 이해한다는 건 그 사람의 존재를 이해하는 것이다. 내 생각으로 일방적으로 판단하지 않고 있는 그대로 존중하는 것이다.

'저 사람은 말이 너무 많군.'

'저 사람은 너무 이기적이야.'

'저 사람은 너무 게을러.'

'저 사람은 너무 까칠해.'

이런 게 판단이다. 코치가 마음속으로 이런 판단을 하고 있으면 코칭에 부정적인 영향을 미친다. 코칭에서는 상대방을 있는 그대로 이해하는 방법으로 에고리스egoless 하라고 한다. 에고리스는 자신의 판단을 내려놓는 것이다. 이를 적극적으로 해석하면, 코치 자신의 경험과 가치관에 의해 다른 사람을 일방적으로 규정하지 않는 것이다. 상대방의 생각을 이해한다는 건 다음과 같은 적극적인 행위를 수반한다.

"리더는 솔선수범해야 한다고 생각하시는군요."

"단기성과도 중요하지만, 장기적으로 성장할 수 있는 기반을 마련해야 된다는 말씀이군요."

"조직 문화를 구축하는 게 단기 실적을 쌓는 것보다 더 중요하다는 말씀이시군요."

옳고 그름을 판단하는 게 아니라, 상대방의 생각을 있는 그대로 존중해 주는 것이 생각을 이해하는 것이다.

사람들은 자신이 이해받는다고 느끼면 자유롭게 생각을 말한다. 자유롭게 생각을 말하게 되면 서로의 생각이 연결되기도 하고 그 과정에서 창의적 아이디어가 생긴다. 또 그 과정에서 집단의 지혜가 발휘되기도 한다. 그러므로 서로가 상대방의 생각을 이해하는 건 집단지성을 발휘하기 위한 중요한 조건이 된다.

셋째, 욕구를 이해한다.

마음은 감정으로 표출되기도 하고, 생각으로 드러나기도 하며, 욕구로 표현되기도 한다. 욕구란 그가 원하는 것이다. 상대방의 욕구를 잘 파악하는 건 코칭에서 매우 중요하다. 왜냐하면, 코칭은 원하는 걸 파악해서 그걸 실현하는 일련의 과정이기 때문이다. 참가자들의 욕구를 파악할 수 있어야 그 욕구를 실현할 방법을 모색할 수 있을 것이다.

다음과 같이 참가자들의 욕구를 파악할 수 있다.

"그게 어떻게 해결되기를 바랍니까?"

"어떤 팀장이 되고 싶은가요?"

"존경받는 리더가 되고 싶으시군요."

"구성원들의 성장을 돕고 싶으시군요."

"조직 발전에 기여하고 헌신하고 싶으시군요."

참가자들의 욕구는 코칭의 지향점이 되고, 코칭을 작동하게 하는 원동력이 된다. 일대일 코칭이든 그룹코칭이든 코칭 받는 사람의 욕구를 이해하는 게 코칭의 출발점이다. 그래서 어떤 코칭이든 되고 싶은 목표를 확인한다.

"코칭을 통해 무엇을 얻고 싶은가요?"

"어떻게 되고 싶은가요?"

"그게 이루어지면 어떤 점이 좋은가요?"

"그걸 얻으면 삶이 어떻게 달라지나요?"

"그렇게 되는 건 어떤 의미인가요?"

코치는 상황에 맞게 이런 질문들을 자유자재로 할 수 있는 역량을 갖출 필요가 있다.

여기서 주의해야 할 게 있다. 바로 '선한 욕구의 충돌'이다. 예를 들어보자. 만약, 담배를 끊고 싶은 마음이 든다면 이는 자신의 건강을 챙기고 싶은 욕구다. 그런데 마음 한편에서 담배를 끊기 위해 받는 스트레스가 오히려 건강에 더 해로울 수도 있다는 생각이 올라온다. 우리는 이런 마음을 핑계라고 몰아붙인다. 황당할지 모르지만 담배를 끊고 싶지 않은 마음에도 스트레스를 받지 않으려는 선한 욕구가 있다. 이 욕구들은 모두 자신의 건강을 위하는 욕구다. 이런 측면에서 욕구는 언제나 선하다. 다만 여러 갈래의 욕구가 있을 뿐이다. 코치에겐 이러한 여러 갈래의 욕구를 알아차리는 능력이 요구된다.

조직에서 흔히 발생할 수 있는 욕구의 충돌 사례를 살펴보자.

리더가 간단명료하게 이렇게 해라 저렇게 해라고 지시할 경우,

리더의 욕구는 후배가 쉽게 일을 처리할 수 있도록 친절하게 알려주고 싶은 것이다. 이 경우에 후배가 자기 스스로 잘 알아서 할 수 있는데도 리더가 미주알고주알 간섭한다고 느낀다면, 후배에겐 스스로 잘하고 싶은 욕구가 있는 것이다.

리더가 일을 시키기 전에 후배의 의견을 먼저 묻는다면 이때 리더의 욕구는 후배의 생각을 존중하고 싶은 것이다. 이때 후배가 명확하게 지시를 해주면 될 걸 말을 빙빙 돌린다고 느낀다면, 정확한 지시를 받아서 빨리 잘 처리하고 싶은 게 후배의 욕구다.

이 욕구들은 서로 충돌하는 것처럼 보인다. 그러나 모든 욕구들은 언제나 선한 의도가 있다. 모두 자신을 위하는 마음의 표출이다. 이때, 코치는 이들 욕구에 대해 함부로 평가하거나 판단해선 안 된다. 코치는 표면적으론 충돌하고 있는 것처럼 보이는 서로 다른 욕구들의 선한 의도를 알아차릴 수 있어야 하고, 이들 욕구들을 있는 그대로 존중할 수 있어야 한다. 이때 참가자와 코치는 존재 그 자체로 깊이 연결된다.

이상에서 살펴본 것처럼 마음을 이해한다는 건 그 사람의 기분과 생각, 욕구를 이해하는 것이다. 그러므로 누군가의 마음을 알아준다는 건 거창한 게 아니다. 그들의 기분, 생각, 욕구를 알아주기만 하면 된다. 이게 바로 사람의 마음을 읽는 비결이다.

공감,
사람을 연결해주는 힘

그룹코칭의 세 번째 핵심가치는 공감이다. 공감은 상대방에 대한 존중을 기반으로 하고, 상대방에 대한 이해를 수반한다. 공감은 그룹코칭에서 사람들을 연결해주는 매우 중요한 개념이다. 사람들은 공감을 통해 서로 연결되고 시너지를 낸다. 대니얼 골먼은 〈감성리더십〉에서 상대방의 감정을 알아줌으로써 동기부여하고 더 좋은 관계를 맺을 수 있다고 했다. 공감의 의미를 다음과 같이 정리할 수 있다.

- 공감은 상대방에 대한 존중의 표현이다.
- 공감은 상대방을 이해하는 것이다.

- 공감은 동기부여 해준다.
- 공감은 특별한 존재로 대우받는다는 느낌을 갖게 해주고, 긍정적인 관계를 형성해준다.
- 공감은 새로운 시도에 대해 안전감을 제공하고, 문제 해결 능력을 촉진한다.

공감에 대한 더 깊이 있는 이해를 위해 '동감sympathy'을 생각해보자. 동감은 상대방과 생각이 같고 똑같이 느끼는 것이다. 상대방과 생각이 같고 똑같이 느끼기 때문에 우리는 '동감해주라'는 말을 하지 않는다. 저절로 다음과 같이 반응하기 때문이다.

"그래요. 맞아요. 나도 그렇게 생각해요. 우리는 서로 생각이 같군요."

"나도 그렇게 느껴요. 우린 느낌이 같군요. 우린 서로 잘 통하는군요."

반면에 '공감해주라'는 말을 많이 한다. 그렇다면, 공감과 동감의 차이는 무엇인가? 동감이 상대와 똑같이 느끼는 것이라면, 공감은 비록 상대방과 생각이 다를 경우에도 그럴 수도 있겠다고 상대방을 존중하는 것이다.

코칭에서 '공감'은 더욱 적극적인 개념이다. 상대방의 생각이나 감정에 대해, 나는 비록 그렇게 생각하지 않을지라도 상대방의 생각과 감정을 존중하고 있다는 걸 보여주는 것이다.

공감의 핵심은 표현이다. 마음속으로만 그렇게 생각하는 게 아니라 말로 표현하는 것이다.

"비록 늦더라도 정확하게 해야 된다는 말이군요."

"아무리 정확해도 때를 놓치면 안 된다는 말이군요."

"정확성과 타이밍이 모두 중요하다는 말이군요."

"실력도 중요하지만 태도가 더 중요하다고 생각하시는군요."

"태도도 중요하긴 하지만, 기본적인 실력이 더 중요하다고 생각하시는군요."

"실력과 태도가 모두 중요하다는 말이군요."

이렇게 고객의 생각이나 감정을 알아차리고 말로 표현해 주는 게 공감이다. 그런데 공감을 한다고 해서, 내 생각과 다른데도 불구하고 무조건 맞장구를 치라는 건 아니다. 이건 진정성 있는 태도가 아니다. 공감은 내 생각과 다를지라도 다른 사람의 생각이나 경험을 존중해주는 것이다.

"그렇게 생각했다면, 짜증이 났겠군요."

"그렇게 생각하셨군요. 화가 나셨겠네요."

"그런 경험을 하셨다니, 신이 났겠군요. 짜릿했겠네요."

공감은 평가하고 판단하는 게 아니라 상대방의 생각과 경험 등을 존중하는 것이다. 비록 내 생각과 다를지라도 존중을 표현하는 게 바로 공감이다. 적절한 타이밍에 표현된 공감은 참가자들의 에너지를 끌어올리고 자발적인 참여를 이끌어낸다. 공감은 서로를 연결하는 강력한 힘과 에너지를 가지고 있다. 그러나 마음속으로만 생각하고 표현하지 않으면 상대방은 내가 공감하고 있는지 알 수 없다. 공감의 핵심은 표현하는 데에 있다. 공감은 표현할 때 비로소 전해진다. 그룹코칭은 여러 사람이 함께 아이디어를 내고, 더 좋은 방향을 찾아가는 과정이다. 이때 공감은 서로를 연결해주는 강력한 힘을 발휘하는 것은 물론, 집단지성과 시너지를 이끌어낸다.

탁월성, 지속적으로 탁월한 성과를 내는 성품

그룹코칭의 네 번째 핵심가치는 '탁월성'이다. 탁월성이란 '탁월함을 지속적으로 발휘할 수 있는 성품'을 말한다. 우리는 모든 고객에게 탁월성이 있다고 믿는다. 여러 가지 사정으로 인해 지금은 비록 탁월한 성과를 내지 못하고 있는 경우에도, 탁월한 성과를 낼 수 있는 성품이 본질적으로 있다는 걸 믿는다. 참가자의 무한한 가능성을 굳게 믿는다. 존중과 이해, 공감은 모두 참가자들의 탁월함을 이끌어내기 위한 조건들이다. 모든 건 고객의 탁월성에 대한 믿음에서 출발한다. 탁월한 성과를 이끌어내는 것이 그룹코칭의 목적이기 때문이다.

리더십 평가 점수가 낮은 팀장들을 대상으로 그룹코칭을 진행한 적이 있었다. 참가자들을 교정하려는 목적으로 기획된 코칭이었다. 그러다 보니 참가자들은 의욕이 없었고 심지어 어떤 사람은 반발하기도 했다. 제대로 코칭이 진행되지 않았다. 코치가 회사의 요구에 따라 뭔가 가르치려 하고, 뭔가 고치려고 시도했기 때문이다. 참가자들은 '코치가 뭔데 나에게 이래라 저래라 하는 거야. 이 자리까지 승진을 했을 때는 나도 잘났는데 뭐가 문제야.'하는 식으로 받아들였다.

코치는 방법을 바꿨다. 참가자들을 고치려 하는 대신 그들의 상황을 이해하려 노력했고, 존중하고 공감을 표현했다. 시간이 지나면서 참가자들은 서서히 마음을 열기 시작했다.

"코치님, 사실은 내가 이런 점이 있는데, 이걸 고쳐야 하는데, 그게 참 어렵네요."

"코치님이 이렇게까지 내 편을 들어 주는데, 사실 내 잘못이 많은 걸 알고 있어서 코치님께 죄송해요."

코치가 말했다.

"그러시군요. 그럼 어떻게 하고 싶으세요?"

이 질문에서부터 코칭이 다른 방향으로 풀려나갔다. 참가자들의 내면에 자리 잡고 있던 탁월한 성품을 터치한 덕분이다. 존중과 공감을 기반으로 하지 않은 채로 탁월함을 이끌어내려고 하는 건 마치 바늘귀에 실을 꿰지도 않고 바느질을 하려는 것과 같다. 존중과 이해, 공감을 충분하게 표현하고 난 후에 비로소 탁월함을 이끌어낼 수 있는 여건이 만들어진다.

미국 갤럽에 의하면 강점은 '완벽에 가까운 성과를 지속적으로 내는 능력'을 말한다. 이 또한 탁월성에 기초를 두고 있다. 강점을 이끌어내기 위해선 그 사람의 재능을 이해해야 하는데, 갤럽이 정의하는 재능은 다른 사람보다 특별하게 잘하는 그 무엇이 아니라, 자신의 성품 속에서 '자연스럽고 편안하게 느끼고, 생각하고, 행동하는 반복적인 패턴'이다. 누구에게나 반복되는 패턴이 있다. 그렇다면 누구에게나 재능이 있다는 등식이 성립한다. 누구에게나 재능이 있기에, 코칭을 통해 상대방의 재능을 발견하고, 재능을 강점으로 만들어서 탁월함을 이끌어낼 수 있는 것이다.

코치는 주로 질문을 통해 참가자의 탁월성을 자극한다. 코치가 질문을 통해 참가자의 의식을 일깨우고 인식을 확장하는 것이다. 탁월성의 단초를 파악하는 질문은 다음과 같다.

"어떤 일을 할 때 신이 나고 에너지가 생기나요?"

"어떤 일을 하면 잘하나요?"

"어떤 일을 하면 재미와 보람을 느끼나요?"

"설명해주지 않아도 잘하는 일은 무엇인가요?"

"지금 비록 잘하진 못하지만, 더 잘하고 싶은 일은 무엇인가요?"

코치는 이런 질문들을 통해 참가자들의 내면에 있는 탁월성을 일깨운다. 이때 어떤 질문을 하는지에 따라 결과가 달라진다. 위의 질문을 살짝 바꿔 보자.

"어떤 일을 할 때 쉽게 싫증을 느끼나요?"

"어떤 일을 잘하지 못하나요?"

"어떤 일을 하면 전혀 재미와 보람을 느끼지 못하나요?"

"아무리 설명 들어도 이해하기 어려운 일은 무엇인가요?"

"지금 비록 잘하고 있지만, 더 이상 잘하고 싶은 욕구가 생기지 않는 일은 무엇인가요?"

단지 질문만 바꾸었을 뿐인데, 전혀 엉뚱한 대답과 결론이 나온다. 질문이 중요하다. 어떤 질문을 하는지에 따라 결과가 확연하게 달라진다. 초라한 질문은 초라한 결과를 만들고, 위대한 질문은 위대한 결과를 만든다.

'나는 지금 어떤 사람인가?'

'나는 지금 어떤 사람이 되어 가고 있는가?'

'나는 어떤 사람이 되고 싶은가?'

이 질문들은 서로 다른 방향을 제시하고 있다. 질문에 따라 서로 다른 결과가 도출된다. 탁월함을 이끌어내는 코치가 되기 위해선 이 세 가지 질문의 차이를 확연하게 느낄 수 있고, 이런 질문을 자유롭게 만들어 낼 수 있는 능력을 키우는 훈련을 지속적으로 해야 할 것이다.

GROUP COACHING

4장.

코치가 갖추어야 할 핵심역량

지금까지 코칭을 진행하는 프로세스와 그룹코칭이 작동하는 원리인 그룹코칭의 핵심가치에 대해 살펴봤다. 핵심가치와 G.R.O.U.P 프로세스가 어떤 마음가짐으로 어떻게 그룹코칭을 진행할 것인지에 대한 내용이었다면, 이번 장에서는 탁월한 성과를 위해 코치에게 요구되는 역량이 무엇인지에 대해 살펴본다. 코치에게 요구되는 핵심역량은 다음 그림과 같다.

그룹코칭의 핵심역량

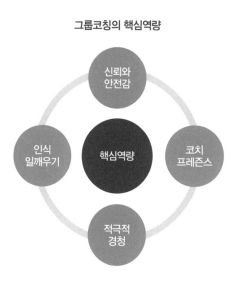

그림에서 보는 것처럼, 첫 번째로 코치에겐 참가자들의 신뢰를 얻는 능력이 필요하다. 여기서 신뢰란 참가자들이 어떤 말을 해도 코치가 비난하지 않고 자신의 말을 있는 그대로 수용해 줄 것이라는 믿음이다.

둘째는 코치의 프레즌스가 진정성으로 드러나야 한다. 코치의 말과 태도가 진심으로 느껴질 때 참가자들은 비로소 자신의 마음을 연다.

세 번째는 경청능력이다. 코치는 참가자들이 하는 말 속에서 핵심을 찾아내는 능력이 있어야 한다. 그들이 말하는 것뿐만 아니라, 표현하지 않은 내면의 소리까지 들을 수 있어야 한다.

마지막으로 인식을 일깨우는 능력이다. 참가자들의 생각을 자극하고, 생각을 연결하고, 탁월성을 이끌어내는 건 코치에게 요구되는 필수 역량이다. 이에 대해 자세하게 살펴보기로 한다.

신뢰와 안전감 쌓기

그룹코칭은 특정 주제에 대해 더 좋은 해결책을 찾기 위해 여러 사람들이 함께 진행하는 일련의 프로세스다. 그러므로 모든 참가자들이 자신의 이야기를 마음껏 말할 수 있는 환경을 만드는 게 필수적이다. 사람들은 어떤 경우에 자유롭게 의견을 말하는가? 다음과 같은 환경에서 사람들은 자신의 생각을 솔직하게 말할 수 있다.

- 어떤 말을 해도 평가받거나, 비교 당하지 않을 거라는 믿음이 있을 때
- 어떤 의견도 비난받지 않고 존중받을 거라는 생각이 들 때

- 자신의 상황이 이해받을 수 있다는 생각이 들 때
- 자신의 말이 공감 받을 수 있다는 생각이 들 때
- 자신의 아이디어가 그룹에 기여할 수 있다는 생각이 들 때

위에서 살펴본 것처럼 신뢰와 안전감을 쌓기 위해선 존중과 이해, 공감이 필수적이다. 이는 앞에서 살펴본 그룹코칭의 핵심가치에 해당한다. 다음 그림에서 보는 것처럼 존중과 이해, 공감은 그룹코칭의 핵심가치인 동시에 신뢰와 안전감을 쌓기 위한 필수 조건이다.

신뢰와 안전감을 쌓는 구체적인 방법을 살펴보자.

핵심가치와 신뢰와 안전감

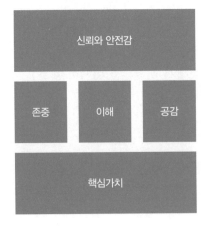

첫째, 참가자의 정체성identity을 존중한다.

참가자가 내국인이든 외국인이든, 남성이든 여성이든, 나이가 많든 나이가 어리든, 부자이든 아니든, 그들을 존재 자체로 존중한다.

둘째, 참가자의 가치관과 신념을 존중한다.

참가자가 크리스천이든 불교도이든, 법과 도덕과 윤리에 어긋나지 않는 한, 그들의 가치관과 신념을 이해하려고 노력한다.

셋째, 참가자의 상황을 존중한다.

참가자가 매우 좋은 성과를 내고 있거나 혹은 저조한 실적을 내고 있거나, 기회의 상황이거나 위기의 상황이거나, 그가 처해있는 상황에 대해 선입견과 편견을 내려놓고 있는 그대로 보려고 노력한다.

넷째, 참가자의 언어스타일을 존중한다.

참가자들의 언어스타일이 서로 다를 경우 코치들은 어려움을 느낀다. 어떤 사람은 매우 적극적이고 긍정적인데 반해 어떤 사람은 매우 소극적이고 부정적이다. 말이 많거나 말이 적은 사람도 있고, 표현을 아주 잘하는 사람이 있고 표현을 잘하지 못하는 사람도 있다. 이때 코치의 스타일대로 코칭을 하는 게 아니라 참가자들의 스타일을 존중하며 그에 맞춰 코칭할 수 있어야 한다.

다섯째, 참가자의 고유한 재능과 통찰을 인정하고 존중한다.

코칭 과정에서 발견되는 참가자의 재능, 통찰 등을 알아주는 것이다.

"이런 재능이 있으시군요."

"그 문제에 대해 깊이 있는 통찰을 가지고 있군요."

"실행력이 매우 강하시군요."

이런 인정과 존중은 안전한 코칭 공간을 만들고 강력한 신뢰관계로 연결된다.

여섯째, 참가자의 감정을 존중하고 지지한다.

만약 이렇게 말하면 어떻게 될까?

'그런 일로 뭘 그렇게 낙담하세요? 툭툭 털고 힘내세요.'

이건 거의 비난에 가까운 말이다.

'일을 하다 보면 스트레스 상황이 많이 생길 텐데, 그때마다 스트레스를 받으면 곤란하지 않을까요? 앞으로 스트레스를 받지 않을 방법을 잘 개발하시기 바랍니다.'

이건 상대방을 바보 취급하는 말이다.

'직원들에게 그런 식으로 화를 내는지요? 직원들이 많이 힘들어할 것 같은데.'

이건, 직원을 핑계 삼아 참가자를 두 번 죽이는 것이다.

참가자들이 어떤 감정을 느끼는 건 그럴 만한 이유가 있을 것이다. 그 이유를 조사하듯 따지지 말고, 그냥 그 자체로 존중해야 한다.

일곱째, 참가자에 대해 관심을 가지고 공감하고 지지를 보여준다.

여기서는 '보여준다demonstrate, show'가 핵심이다. 코치가 마음속으로만 참가자에 대해 지지하고 공감하는 게 아니라 이를 명확하게 '보여주는demonstrate, show것이다. 즉, 말로 표현하는 것이다.

여덟째, 개방성과 투명성을 보인다.

코치가 모르는 것에 대해 솔직하게 모른다고 하고, 열린 자세로 배우려 할 때 오히려 코치에 대한 신뢰가 높아지고 코칭관계는 더욱 강력해진다. 개방성과 투명성은 코칭관계 뿐 아니라 모든 관계에서 신뢰의 기본요소다.

이상에서 살펴본 것처럼, 코치에게 요구되는 핵심역량의 첫 번째는 신뢰와 안전감을 쌓는 능력이다.

코치 프레즌스 Presence

그룹코칭은 참가자들과 코치의 역동 속에서 더 나은 해결책을 찾아내는 프로세스다. 이 과정에서 코치가 보여주는 태도는 코칭에 큰 영향을 미친다. 코치는 코칭 상황 전반에 대해 깨어있어야 하며, 개방적이고 유연한 태도를 지녀야 한다. 코치의 이런 태도를 '코치 프레즌스'라 한다. 프레즌스에 대해 O'Neil은 자신의 저서 Executive Coaching with Backbone and Heart(2007)에서 다음과 같이 설명한다.

'프레즌스는 고객과 함께 하는 어떤 순간에서도 코치의 존재를 (가치, 열정, 창조성, 감정, 분별 있는 판단) 가져오는 것을 의미한다.'

프레즌스는 '현존現存', 즉 '현재에 존재한다'는 뜻이다. 좀 더 풀어보자면 코칭의 모든 순간에 코치의 몸과 마음이 온전하게 함께 있는 걸 의미한다.

국제코치연맹은 코치가 프레즌스를 유지하는 방법으로 다음 6가지를 제시한다.

첫째, 고객에게 집중하고 관찰하며 공감하고 반응하는 상태를 유지한다.

둘째, 코칭 과정에서 호기심을 보여준다.

셋째, 고객과 함께 머무르기 위해 자신의 감정을 관리한다.

넷째, 코칭 과정에서 고객의 강렬한 감정을 다룰 때 자신감을 보여준다. 자칫하면 오해할 수 있는 대목이다. 이때 자신감을 보여준다는 건 코치 마음대로 한다는 뜻이 아니다. 고객이 강렬한 감정을 표현할 때, 코치가 두려워하거나 함께 감정에 휩싸이지 않는다는 걸 의미한다. 코치가 담담하게 대처하는 게 자신감을 보여주는 것이다. 고객이 펑펑 울 때 코치가 당황하거나 어쩔 줄 몰라 하며 고객의 감정을 위로하려 하거나 그 감정에 같이 빠지거나 하지 말라는 것이다. 고객이 격렬하게 울고 있다면 시간을 주고 기다린다. 고객이 다음 단계로 나아갈 수 있도록 기다려 주는 것이다.

다섯째, 모르는 영역을 다룰 때 편안하다.

인상적인 대목이다. 고객의 주제에 대해 코치가 잘 모르는 영역인 경우, '아, 이거 모르는데 큰일 났네.'하는 마음이 생기면서 모르는 주제를 피해가려는 경향이 있다. 그런데 코치가 어떻게 고객 삶의 모든 영역에 대해 알 수 있는가? 실제 코칭을 진행하다 보면 코치가 모르는 영역이 많이 나온다. 이럴 때 코치는 당황하지 말고 편안하게 임해야 한다. 모르면서 아는 척해서도 안 되지만 당황해 할 필요도 없다. 코치는 당황하지 말고 "잠깐만요. 제가 잘 모르는 부분인데 조금 자세히 말해주실래요?" 하는 식으로 요청할 수 있다. 경험에 의하면, 이럴 경우 고객은 신이 나서 자세하게 설명한다. 고객은 스스로 설명하는 과정을 통해 알아차림이 더욱 깊어지기도 하고 새로운 성찰이 일어나기도 한다. 코치의 이런 태도는 고객에게 더 큰 신뢰를 준다.

여섯째, 침묵, 멈춤, 성찰을 위한 공간을 만들거나 허용한다.

고객이 침묵하거나 멈출 때는 뭔가를 생각하고 있을 때다. 이땐 급하게 다음 단계로 넘어가려 하지 말고, 고객에게 생각할 여유를 줘야 한다. 고객이 침묵할 때 지금 고객에게 뭔가 중요한 성찰이 일어나고 있다는 걸 이해하면 편안하게 기다릴 수 있다. 만약 고객의 침묵이 불편하게 여겨진다면 이는 코치가 뭔가를 해야 한다는 강박에 사로잡혀 있다고 볼 수 있다. 이때 무언가를 하려 하지 말고 고객이 스스로 성찰과 창조의 시간을 갖도록 기다려주는 게 좋다. 고객의 침묵이 성찰과 창조의 공간이라는 걸 안다면 고객의 침묵에 편안해질 수 있을 것이다. 코치들끼리 우스개로 코치는 침묵과 친해져야 한다고 말한다. 고객의 침묵에 대해 불편해하지 않고 편안하게 기다릴 수 있다면 제법 코칭 실력이 높아졌다고 할 수 있다.

그렇다면 코칭 과정에서 코치가 프레즌스 상태인지 아닌지 어떻게 알아차릴 수 있을까?

다음은 프레즌스 상태가 아닐 때의 예시다.

- 코칭 중간에 마음이 다른 곳으로 분산된다.
- 다음에 무엇을 물어야 할지 생각한다.
- 코칭이 잘 진행되지 않고 있다고 걱정한다.
- 코칭이 잘 진행되고 있다고 좋아한다.
- 코칭과 관련 없는 것에 대해 생각한다.

다음은 프레즌스 상태의 예시다.

- 코치와 고객을 제외한 다른 모든 것이 사라진 상태
- 코치의 에고를 내려놓은 상태
- 고객의 주제에 온전하게 집중하고 있는 상태
- 고객과 상호 연결되어 있는 상태
- 깊은 경청deep listening을 하고 있는 상태
- 현재의 모든 것에 열려 있는 개방의 상태
- 수용과 지지로 결합된 따뜻함의 상태

이상의 내용을 요약하면, 다음 그림에서 보는 것처럼 코치 프레

즌스는 코치가 진정성을 가지고 집중하고, 유연하고 자신감 있는 태도로 깨어있는 상태로, 참가자와 깊이 연결되어 있는 상태를 말한다.

코치 프레즌스

적극적 경청

그룹코칭은 참가자들끼리 서로 의견을 주고받는 과정을 통해 더 나은 해결책을 찾아가는 소통의 프로세스다. 이때의 소통은 말하고 듣는 일련의 과정이다. 이때 코치가 참가자들의 이야기를 얼마나 잘 듣는 능력이 있는지가 코칭의 성과를 좌우한다. 그런데 듣는다는 건 만만한 일이 아니다. 상대방이 어떤 이야기를 하든 나는 내 인식 시스템으로 들을 수밖에 없다. 다음 그림에서 보는 것처럼 내 인식 시스템은 나의 정체성, 환경, 경험, 지식, 가치관, 신념 등으로 이루어져 있다. 이 인식 시스템이 필터 역할을 해서, 상대가 어떤 말을 하더라도 내가 듣고 싶은 대로, 내 방식으로 듣는 것이다. 그래서 내가 들었다고 하는 건, 있는 그대로 들은 게 아니라 나의 인식 시스템을 통해 들은 것이다. 여기서 왜곡이 일어난다. 이 왜곡을 최소한으로 적게 하려면 상대방의 이야기를 객관적으로 들을 수 있는 능력이 요구된다.

인식 시스템

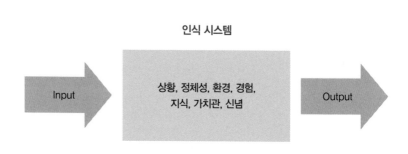

듣는 내용의 왜곡을 최소한으로 하기 위해선 '적극적으로 경청' 해야 한다. 적극적 경청 방법은 다음과 같다.

첫째, 자기관리를 한다(egoless).

여기서 말하는 자기관리는 일반적인 자기관리의 개념이 아니다. 자기가 멋있게 보이거나 뽐내려고 하는 게 아니라, 오히려 자신을 내려놓는 걸 말한다. 코치가 자신을 내려놓을 때 오히려 더 효과적으로 코칭을 할 수 있다. 코치의 자기관리는 다음과 같은 것이다.

- 코치 자신의 의견, 경험, 판단 등을 내려놓는 것
- 일방적으로 조언하거나 충고하지 않는 것
- 코치 자신의 경험과 지식이 옳다는 생각에서 벗어나는 것

- 코치 자신이 멋있게 보이려는 생각을 내려놓는 것

코치가 자기관리를 해야 하는 이유는, 코칭은 참가자들의 삶에 대해 참가자들 스스로 해결책을 마련하고 스스로 실행하는 것이기 때문이다. 코치는 그 과정에서 참가자들이 더 좋은 아이디어를 낼 수 있도록 돕고, 실행을 강화할 수 있도록 돕는 역할을 할 수 있을 뿐이다. 코칭은 코치의 삶이 아니라 참가자들의 삶에 대해 다루고 있다는 걸 잊어선 안 된다. 그러므로 코치가 생각하는 해결책이 참가자들에게도 해결책이 될 수는 없는 것이다. 이게 바로 코치가 자기관리를 해야 하는 이유이다.

둘째, 상대방의 이야기의 핵심을 간결하게 요약하면서 듣는다(paraphrasing).

내가 들은 게 제대로 들은 건지 확인하기 위해 '이렇다는 말씀인가요?'하는 식으로 요약해서 되돌려 주면서 듣는다. 만약 내가 상대방이 말한 것과 다르게 이해하고 있었다면 서로 다른 길을 갈 뻔한 것을 바로잡는 기회가 되고, 서로 일치하게 들었다면 상대방은 존중받았다는 느낌을 갖게 된다. 이렇게 듣는 방법을 패러프레이징paraphrasing이라 하며 '입으로 듣는다'고 말하기도 한다.

셋째, 감정과 에너지 변화, 비언어적인 신호 등 몸짓 언어를 듣는다(Body language).

얼굴을 찡그리면서 즐겁다고 말할 경우, 그 사람의 내면엔 말하지 못한 무언가가 있을 수 있다. 얼굴에 웃음기를 머금고 다른 사람을 위로하고 있다면 그 또한 말하지 못하는 뭔가가 있을 수 있을 것이다. 몸짓 언어는 말로 표현하지 못한 무의식을 드러낸다. 그러므로 코치는 몸짓 언어를 통해 참가자가 말하지 않은 내용도 들을 수 있어야 한다.

앞 장 '그룹코칭의 핵심가치'에서 마음을 이해하는 방법으로 '기분, 생각, 욕구'를 들어야 한다고 했다. 이게 바로 경청의 핵심이다. 이 둘의 관계를 다음 그림으로 나타낼 수 있다.

마음 이해하기와 적극적 경청

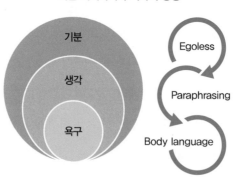

그룹코칭의 핵심가치에서 말하는 '마음 이해하기'가 상대방의 기분, 생각, 욕구를 듣는 것, 즉 듣는 내용에 초점이 맞추어져 있다

면, '적극적으로 경청하기'는 듣는 방법에 초점이 맞추어져 있다. 이를 정리해 보면 적극적 경청 방법은 다음과 같다.

첫째, 자신의 선입견과 고정 관념, 판단 등을 내려놓는다 (egoless).

둘째, 상대방 말의 핵심(기분+생각+욕구=마음)을 요약하면서 듣는다(paraphrasing).

셋째, 몸짓 언어를 통해 말하지 않는 것도 듣는다(body language).

이상에서 적극적으로 경청하는 방법을 살펴보았지만 아무리 적극적으로 듣는다 해도 경청에는 본질적 한계가 있다. 앞에서도 언급했듯이 인간은 상대방이 어떻게 말하더라도 자신의 인식 구조를 통해 들을 수밖에 없기 때문이다. 그러므로 코치는 자신이 들은 것에 대해 겸손해야 한다. 있는 그대로의 진실을 들은 게 아니라, 자신의 인식 구조를 통해 들은 것이라는 걸 정확하게 이해해야 한다. 그래서 '있는 그대로 들었다'고 말한다면 맞는 말이 아니다. '내가 들었다' 내지는 '나의 인식 구조를 통해 들었다'고 말해야 맞는 말이다. 코치는 자신이 들은 것에 대해 항상 의심할 줄 알아야 할 것이다.

인식 일깨우기

'그룹코칭의 핵심가치'에서 다룬 것처럼 탁월성은 탁월한 성과를 낼 수 있는 성품이다. 그래서 코치는 참가자가 이미 자신의 내면에 가지고 있지만 미처 깨닫지 못하고 있는 탁월함을 끌어내기 위해 노력한다. 은유나 비유를 활용하거나 질문 등을 사용하여 참가자의 생각을 자극하고 인식을 일깨운다.

다음은 참가자의 인식을 일깨우는 방법이다.

첫째, 참가자의 경험을 활용한다.

어떤 주제에 대한 해결책을 찾고자 할 때 다음과 같은 질문으로 고객에게 내재된 경험을 통해 지혜를 이끌어낸다.

"예전에는 이럴 때 어떻게 했나요?"

"예전에는 어떻게 했을 때 잘 되었나요?",

"어떻게 했을 때 잘 안 되었나요?",

"예전의 경험을 돌이켜 볼 때, 잘하는 사람들은 이럴 때 어떻게 하던가요?"

이 질문들의 핵심은 고객의 경험을 통해 고객의 인식을 일깨울 수 있다는 걸 믿는 것이다.

둘째, 안전지대에서 벗어날 것을 요청한다.

참가자가 더 발전할 수 있는데도 불구하고 안전지대에 머물러 있다고 생각될 경우에 안전지대에서 벗어날 것을 요청하는 것이다.

코칭을 배운 어느 팀장의 이야기다. 이 팀장은 몇 개월 동안 코칭에 대해 공부를 했지만 '선무당이 사람을 잡지는 않을까?', '내가 과연 제대로 코칭을 할 수 있을까?'하는 염려에 실제로 코칭을 하는 걸 망설이고 있었다. 이때 코치가 팀장에게 요청했다.

코치 : 팀장님, 제가 요청을 하나 해도 되겠습니까?

팀장 : 예.

코치 : 팀장님은 코칭에 대해 어느 정도 공부를 하셨는지요?

팀장 : 20시간짜리 코칭 프로그램을 이수했고, 4시간짜리 보

수 교육도 받았습니다.

코치 : 그럼, 실제로 직원들 코칭을 해보셨는지요?

팀장 : 그게, 자신이 없네요. 혹시 선무당이 사람 잡는 건 아닌지, 제가 코칭을 제대로 할 수 있을지, 코칭을 한다면서 오히려 직원을 괴롭히지는 않을지 염려가 됩니다.

코치 : 자신의 코칭이 가져올 영향에 대해 사려 깊게 생각하고 계시는군요. 제가 팀장님께 요청을 하나 드리겠습니다. 다음 주에 우리가 다시 만날 때까지 직원 두 명을 코칭 해보시겠습니까?

팀장 : 다음 주까지 두 명을 코칭하라고요?

코치 : 예. 실제로 코칭을 해보고 난 후에 어떤 점이 좋았는지, 어떤 점이 힘들었는지, 어떤 점을 더 발전시키고 싶은지에 대해 저와 이야기를 나눠 보시겠습니까?

코치의 요청에 의해 이 팀장은 실제로 코칭을 시작했고 그 이후에 코치 자격증까지 취득했다.

셋째, 참가자의 사고방식, 가치, 욕구, 바람과 신념 등에 대해 돌이켜 볼 수 있는 질문을 한다.

다음과 같은 질문을 통해, 참가자 스스로 자신에 대해 성찰할 수 있는 기회를 제공하는 것이다.

"리더로서 그런 신념을 가져야 한다는 말씀인가요?"

"지금 말한 가치관에 대해 조금 자세하게 말씀해 주실래요?"

"그 상황에서 진짜로 원하는 게 무엇인가요?"

"지금 말씀하신 긍정적인 사고방식을 가져야 한다는 것에 대해 조금 더 자세하게 말씀해 주실래요?"

참가자들은 위와 같은 질문에 대답하면서 자신의 의도와 실제 행동에 불일치가 있는지 확인하기도 하고, 자신의 생각을 거울처럼 들여다보게 된다.

넷째, 보다 강력한 실행을 이끌어 낼 수 있는 질문을 한다.

"지금보다 훨씬 용기가 있다면, 어떻게 하시겠습니까?"

"절대로 실패하지 않는다면, 어떻게 하시겠습니까?"

"꼭 해야 하는데, 하지 않고 있는 것은 무엇입니까?"

"말도 안 되는데, 하고 있는 것은 무엇입니까?"

"무엇을 그만 두어야 합니까?"

이런 질문들은 참가자들의 의식을 자극함으로써 강력한 실행을 이끌어낸다.

다섯째, 참가자가 코칭의 순간에 경험하고 있는 걸 알아차릴 수 있도록 요청한다.

참가자로 하여금 지금 이 순간을 경험하게 하는 것이다. 지금의 순간은 모든 것이 통합되어 있는 순간이다. 과거의 경험과 미래에 대한 기대, 현재의 느낌 등이 모두 존재하는 순간이다. 현재의 순간에 경험하고 있는 것들을 잘 살피면 커다란 인식의 전환이 오기도 하고 통찰이 생기기도 한다. 다음과 같이 묻는다.

"지금 느낌이 어떠세요?"

"지금 이 순간에 무엇을 경험하고 있나요?"

"지금 더 많이 느껴지는 건 뭔가요?"

"지금 혹시 또 다른 성찰이 있나요?"

"지금 또 다른 게 뭐가 있을까요?"

지금 이 순간은 참가자가 존재하는 순간이다. 참가자의 과거의 삶과 미래의 삶이 통합되어 있는 순간이다. 참가자들로 하여금 이 순간에 느껴지는 통찰을 알아차릴 수 있도록 돕는 건 정말 멋진 일이다.

여섯째, 참가자의 성장과 발전을 자극하는 게 무엇인지 확인한다.

참가자의 학습과 성장을 일어나게 하는 게 무엇인지 주목하고, 성장과 발전을 강화할 수 있도록 지지하고 격려한다.

"고객님은 어떤 것에 동기부여 됩니까?"

"고객님을 더 발전하게 하는 것들은 무엇입니까?"

"지금까지 큰 성공을 거둔 경험은 무엇입니까?"

"고객님은 어떤 상황에서 더 큰 에너지가 생기나요?"

"고객님의 발전을 위해 더 필요한 것은 무엇입니까?"

참가자가 동기부여 되는 것, 에너지를 얻는 것, 더 잘할 수 있는 상황 등 참가자의 발전에 효과적인 것들이 무엇인지 묻고, 그 과정에서 효과적인 방법을 이끌어낸다.

일곱째, 참가자의 욕구를 확인하고 코칭의 초점을 맞춘다.

코치는 코칭 과정에서 참가자가 정말 원하는 게 무엇인지 파악하고 그에 따라 코칭 방법을 조정할 수 있어야 한다. 참가자들은 어떤 땐 지지나 격려를 받고 싶기도 하고, 어떤 경우엔 도전을 받고 싶기도 하고, 어떤 땐 피드백 받기를 원하기도 한다. 코칭을 통해 얻고 싶은 걸 코치가 임의로 결정해선 안 된다. 코칭의 전반적인 모드(속도, 어조, 분위기 등)를 고려해서 코칭 방법을 결정해야 한다.

다음과 같은 질문을 통해 참가자들이 코칭을 통해 얻고 싶은 게 무엇인지 확인한다.

"오늘 코칭이 어떤 시간과 공간이 되기를 원합니까?"

"선택할 수 있다면, 어떤 대화 모드를(견해를 나누는 브레인스토밍 모드, 성찰 모드 등) 선택하시겠습니까?"

"지금 진행되고 있는 코칭 방식에 대해 어떻게 생각하십니까?"

"지금의 코칭주제, 속도, 대화 스타일에 대해 어떻게 생각합니까? 코치에게 요청하고 싶은 게 있다면 무엇입니까?"

이런 질문을 통해 코칭이 참가자들이 원하는 방향으로 가고 있는지, 코칭 중간에 확인함으로써 참가자들이 진정으로 원하는 것에 더 가까이 다가갈 수 있다.

여덟째, 참가자에게 특정 패턴이 있을 경우 이를 알아차릴 수 있도록 돕는다.

사람들은 누구나 특정한 상황에서 느끼는 감정이나 생각, 행동 등의 패턴이 있다. 편안하고 자연스럽게 지속 반복하는 게 패턴이다. 이 패턴을 알게 되면 과거에 어떻게 행동했는지 유추할 수 있고, 미래에 어떻게 행동할지 예상할 수 있다. 이를 통해 개선해야할 게 무엇인지, 더 강화해야 할 건 무엇인지에 대한 단초를 발견할 수 있다.

"이 상황에서 편안하고 자연스럽게 느끼는 것은 무엇입니까?"

"이런 상황에서 자주 나타나는 행동은 무엇입니까?"

"이럴 때 주로 어떤 감정을 느낍니까?"

"이런 상황에서 나타나는 자신의 생각과 감정, 행동의 패턴은 무엇입니까?"

"무엇이 이런 패턴에 영향을 줍니까?"

참가자들은 자신의 패턴에 대해 인지하고 있는 경우도 있고 그렇지 않은 경우도 있다. 어떤 경우에도 참가자의 특정 패턴을 확인하는 건 성장과 발전에 영향을 미친다.

아홉째, 관점을 전환할 수 있도록 돕는다.

구성원과 갈등 관계에 있었던 리더의 사례다. 코치가 다음과 같이 질문했다.

"3년 후의 관점에서 지금 상황을 바라본다면 어떤 생각이 드나요?"

"헬리콥터를 타고 하늘 위에서 지금 상황을 내려다보면 어떻게 보입니까?"

그 분이 대답했다.

"제가 너무 작은 것에 집착해서 옹졸했던 것 같네요. 좀 더 큰 관점에서 보니까 별거 아니네요. 그 직원도 많이 답답했겠네요."

그 분은 이 질문들에 대답하면서 자신이 진짜로 원하는 게 무엇인지 알게 됐다고 했다.

또 이렇게 질문할 수도 있다.

"방을 한번 둘러보시죠. 뭐가 보이나요? 그것의 관점에서 이 문제를 바라보면 어떤가요?"

이 질문은 생뚱맞을 수도 있지만, 참가자의 생각을 자극한다. 이 질문은 코치가 답을 알려주는 게 아니라 참가자가 스스로 해답을 찾을 수 있다는 믿음에서 비롯된다.

열째, 코치가 발견한 것, 통찰한 것을 알려준다.

코칭을 마무리하는 단계에서 참가자들이 성취한 것, 새로운 의미를 부여한 것, 강력한 실행의지를 나타낸 것 등에 대해 코치가 발견한 것들을 말해주면 참가자들의 실행력이 한층 강화되고 지속적으로 실천할 수 있는 에너지를 제공해 준다.

"오늘 코칭을 통해 자신의 강점에 대해 성찰했고, 강점을 집중해서 발전시키는 것의 중요성에 대해 확인하셨습니다."

"오늘 코칭을 통해 자신이 책임감이 넘치고, 열정적인 사람이라는 걸 다시 한 번 확인하셨습니다."

"오늘 코칭을 통해 현재 처해진 상황에 대한 돌파구를 찾으셨습니다."

"오늘 코칭을 통해 리더로서 꼭 해야 할 것에 대한 강한 실천의지를 보여주셨습니다."

이렇게 코치가 발견한 걸 알려주면, 참가자들은 지지받고 있다는 느낌을 통해 자긍심과 에너지가 높아지고, 실행력이 더욱 강화된다.

인식을 일깨운다는 건 참가자들의 내면에 있는 탁월함을 이끌어내는 것이다. 이는 모든 참가자들에게 탁월성이 있다는 믿음이 없다면 불가능한 일이다. 이런 측면에서 코칭은 마치 금광을 채굴하는 것과 같다. 만약, 거기에 금맥이 있다고 믿지 않는다면 힘들여서 채굴을 하는 노력을 하지 않을 것이다. 고객의 내면에 있는 '탁월성'에 대한 강력한 믿음이 있을 때 비로소 고객의 인식을 일깨우는 코치가 될 수 있다.

　'존중, 이해, 공감'이 신뢰와 안전감 쌓기의 필수 조건이라면 '탁월성'은 인식 일깨우기의 근거다. 이처럼 핵심가치의 '존. 이. 공. 탁(존중, 이해, 공감, 탁월성)'은 핵심역량의 근간이 되고 있음을 알 수 있다. 우리는 말한다. '존. 이. 공. 탁'은 그룹코칭의 모든 것이다.

GROUP COACHING

5장.

사람을 움직이게 하는
핵심요소

핵심가치는 그룹코칭이 작동하는 근본 원리이고, 핵심역량은 코치에게 요구되는 필수 역량이다. 그리고 핵심가치와 핵심역량이 어우러져서 코칭 현장에서 그대로 드러나는 게 핵심요소다. 제대로 된 코칭에는 핵심요소가 살아 숨 쉬고 있고, 이는 코칭의 탁월한 결과로 드러난다. 다음 그림에서 보는 것처럼 그룹코칭의 핵심요소는 즐거움, 연결, 집단지성, 시너지, 성취이다.

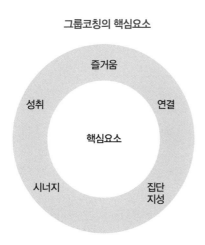

그룹코칭의 핵심요소

이 요소들은 그룹코칭을 둘러싸고 있는 환경이다. 공간이라 해도 좋다. 동시에 이 요소들은 시간적 순서^{flow}의 개념도 포함하고 있다. 그룹코칭을 즐겁게 시작하고, 과정이 즐거우면 참가자들은 자연스럽게 서로 연결된다. 연결을 통해 집단지성을 발휘하고 시너지를 낸다. 그 결과로 성취를 이룬다. 이 요소들은 시간적 순서를 의미하기도 하고, 꼭 있어야 할 것들^{elements}이 무엇인지를 의미하기도 한다. 각 항목에 대해 자세하게 살펴보기로 하자.

즐거움 Joy

'회의'를 생각하면 어떤 느낌이 드는가? 이 질문에 대해 많은 사람들이 '힘들다', '지루하다', '고민만 하다 온다', '결론이 없다' 등 대부분 힘들고 지루한 활동이라고 대답한다. 회의가 이런 느낌이라면 자발적으로 회의에 참가하고 싶은 사람이 있을까? 그룹코칭도 마찬가지다. 코칭이 지루하고 힘든 시간이라면 다시 참가하고 싶지 않을 것이고, 참가한다 하더라도 몰입하기 어려울 것이다.

'효율적인 회의문화 정착'을 주제로 그룹코칭을 진행했을 때, 참가자들에게 어떤 회의가 좋은 회의인지 물었다. 다음과 같은 대답이 나왔다.

- 내 의견을 충분하게 말할 수 있는 회의

- 내 의견이 비난받지 않고 존중받는 회의

- 결론이 있는 생산적인 회의

- 나에게 실질적인 도움이 되는 회의

사람들은 자신의 의견이 존중받을 때 즐거움을 느낀다. 이는 코칭에도 그대로 적용된다. 코치가 참가자들을 존중하면 참가자들은 즐거움을 느낀다. 그러므로 코칭에서 참가자들을 즐겁게 해주는 방법은 참가자들을 존중하는 것이다. 이때 코치가 사용하는 방법은 '밸류잉valuing'과 '패러프레이징paraphrasing'이다.

첫째, 밸류잉Valuing

밸류잉이란, 참가자의 말 속에서 가치 있는 걸 찾아내어 알려주는 것이다. 즉 참가자를 가치 있게 만들어 주는 것이다. 다음과 같은 방법으로 참가자를 가치 있게 만들어 줄 수 있다.

참가자 : 퇴사를 하려고 하는 신입 사원을 면담했는데 회사 업무가 적성에 맞지 않아서 그만두겠다고 했습니다. 아직 회사 업무를 제대로 접해보지 못했는데 그런 결론을 내는 건 성급하다고 생각돼서 3개월 동안 담당 업무를 정해주지 않고, 자기가 하고 싶은 일을 다양하게 해보고 난 후에 다시 면담을 하자고 했습니다. 3개

월이 지나고 나서 면담을 했고 그 직원은 지금 즐겁게 일하고 있습니다.

코치 : 직원을 아끼는 마음으로 3개월 동안 시간을 주셨군요. 고객님은 직원을 많이 아끼는 분이군요.

참가자의 말을 요약해서 되돌려주는 걸 통해 참가자가 직원을 아끼는 사람이라는 걸 알게 해줬다. 참가자가 말한 내용의 요약을 통해 참가자의 가치를 알아준 것이다. 이게 밸류잉이다.

또 다른 사례를 보자.

참가자 : 저는 성과가 낮은 사람이라고 해서 무시하지 않으려고 노력하고 있습니다. 저도 사람인지라 성과가 저조한 사람을 보면 마음속으로 저도 모르게 짜증이 올라옵니다. 이럴 때마다 저는 깜짝 놀라면서 제 마음을 챙깁니다. '저 사람도 내가 도와주면 지금보다 더 잘할 수 있을 거야~ 내가 뭘 도와주면 좋을까?'

코치 : 고객님은 직원을 존중하는 마음도 있고, 스스로에 대해 성찰도 잘하시는군요.

참가자의 말 속에서 직원을 존중하는 마음을 발견해 주고, 스스로 성찰하는 사람이라는 것도 동시에 알게 해 줌으로써 참가자의 가치를 알아줬다. 이 역시 밸류잉이다. 사람들은 자신을 가치 있는 사람으로 알아줄 때 즐거움을 느낀다. 그러므로 밸류잉은 핵심가치의 '존중'과 핵심요소의 '즐거움'이 함께 드러나게 해주는 중요한 스킬이다.

둘째, 패러프레이징Paraphrasing

패러프레이징은 그룹코칭의 핵심역량 세 번째인 '적극적 경청' 방법의 하나로써, 참가자의 말의 핵심을 간결하게 요약해서 되돌려주는 것이다. 다음과 같이 패러프레이징 할 수 있다.

참가자 : 요즘 너무 바쁩니다. 주말에도 제대로 쉬지 못하고 일하고 있습니다. 이런 상황이 언제까지 지속될지 걱정입니다. 그런데 더 힘든 건, 아무리 열심히 해도 성과가 제대로 나지 않는다는 겁니다. 제가 뭘 잘못하고 있는지 코치님과 함께 좋은 방법을 찾고 싶습니다.

코치 : 주말에도 일할 정도로 바쁘고 열심히 일하는데도 성과가 잘 나지 않아서, 좋은 방법을 찾고 싶다는 말씀이군요.

참가자의 욕구를 이해하고 알아줬다. 이처럼 패러프레이징은 '그룹코칭 핵심역량'에서 다룬 적극적 경청 방법의 하나이다. 참가자의 기분, 생각, 욕구를 알아주는 중요한 경청 방법이다.

> 참가자 : 저는 요즘 아이들과 대화하는데 어려움이 많습니다. 관심을 가지고 대화를 하려고 하면 아이들은 간섭한다고 짜증을 냅니다. 그래서 간섭을 하지 않으려고 가만히 지켜보고 있으면, 아내가 아이들에게 무관심하다고 잔소리를 합니다. 이러지도 못하고 저러지도 못하니 짜증이 납니다. 아이들 생각도 잘 모르겠고, 아이들과 대화하는 게 너무 어렵습니다. 게다가 아내까지 잔소리를 하니 요즘 너무 힘듭니다.
>
> 코치 : 아이들과 대화하는 것도 어려운데 아내가 잔소리까지 하니까 많이 힘드시군요.

밸류잉과 패러프레이징은 모두 참가자의 말을 요약해서 되돌려 주는 것이다. 다만, 밸류잉은 참가자를 가치 있게 만들어주는 것에 초점을 맞추고 있고, 패러프레이징은 참가자가 성찰할 수 있도록, 간결한 요약을 통해 거울이 되어 주는 것에 초점을 맞추고 있다. 이 두 방법은 참가자에 대한 존중을 기반으로 하고 있다는 측면에서 동일하지만, 참가자가 어떤 말을 하는지, 무엇을 강조하는지에

따라 달리 사용되는 경청 방법이다. 다음 그림을 살펴보자

즐거움과 존중의 관계

핵심요소	핵심가치	핵심역량	
즐거움	존중	적극적 경청	밸류잉
			패러프레이징

그림에서 보는 것처럼 밸류잉과 패러프레이징은 적극적 경청 능력으로 핵심역량에 해당한다. 이는 '존중'이라는 핵심가치에 기반하고 있고, '즐거움'이라는 핵심요소로 드러난다. 이와 같이 핵심가치와 핵심역량, 핵심요소는 서로 연결되어 있다. 마치 하나의 세포 속에 전체의 유전자 정보가 포함되어 있는 것과 같다. 이를 일컬어 '하나 속에 전체가 있고, 전체 속에 하나가 있다.'고 한다.

코치는 밸류잉과 패러프레이징을 통해 참가자들이 어떤 이야기를 하더라도 안전하다는 신호를 보낸다. 불평을 말하는데도 자신의 마음을 알아주고, 어려움을 말할 때 이해해 주고 공감해 주면 참가자들은 기분이 좋아지고 신이 나서 즐겁게 참여한다. 밸류잉과 패러프레이징은 참가자들을 신나게 만들어 주는 묘약이다. 이

상의 내용을 다음과 같이 정리할 수 있다.

- 그룹코칭 시간은 즐거워야 한다.
- 즐거움은 존중받는 데서 비롯된다.
- 밸류잉과 패러프레이징을 통해 존중을 보여준다.

연결 Connecting

그룹코칭은 다수의 인원이 참가하기 때문에 '나 하나쯤은 괜찮 겠지'하고 토론에 참여하지 않거나 소극적인 태도를 보이는 사람 이 있을 수 있다. 모든 사람이 적극적으로 참여할 수 있도록 하고 서로의 의견을 자유롭고 충분하면서 깊이 있게 나눌 수 있도록 하 는 게 관건이다. 이를 가능하게 해주는 게 '연결'이다. 연결은 한 사람의 말을 다른 사람의 관심으로 이어주고, 혼자만의 주제가 아 니라 참가자 공동의 관심으로 전환시키는 걸 말한다. 참가자들이 서로 연결되어 있는지 확인하는 방법은 다음과 같다.

- 소외되는 사람 없이 모든 참가자들이 자유롭게 의견을 이

야기하는가?

- 다른 사람의 의견에 자기 의견을 보태면서 토론을 발전시 켜 나가는가?
- 서로의 의견에 대해 공감을 표현하는가?
- 집단 지성이 발휘되고 있는가?
- 토론이 시너지를 내는가?

참가자들은 정서적으로 연결되기도 하고 주제를 통해 연결되기도 한다. 참가자들을 연결시키는 간단한 방법이 있다. 공감과 초대다. 다음 대화를 살펴보자.

참가자A : 이렇게 해보는 건 어떨까요?

코치 :   그 아이디어 참 좋네요. 다른 분들 생각은 어때요?

참가자B : 그 방법 좋군요. 이런 방법은 어떨까요?

코치 :   와~ 아이디어가 막 나오네요. 또 다른 아이디어가 있으신 분?

코치는 참가자의 아이디어에 공감을 표현했다. 그리고 다른 사람의 의견을 물었다. 그룹코칭에서 어떤 사람의 의견을 묻는 걸 그 사람을 초대한다고 말한다. 공감과 초대는 참가자들을 연결해 주

는 강력한 방법이다. 다음과 같은 방법으로 참가자들을 연결해 줄
수 있다.

- 한 사람의 주제가 다른 사람들에게도 관심과 호기심을 가
  질 수 있도록 한다.
- 한 사람의 이야기에 대해 다른 사람의 의견을 묻는다. 즉,
  다른 사람을 초대한다.
- 참가자들의 이야기에 공감을 표현함으로써 안전함을 느끼
  게 해준다.
- 서로 공헌하고, 서로 돕고 있다는 걸 인식하게 해준다.
- 코칭의 주제에 대해 공동체 의식을 가질 수 있도록 한다.
- 함께 함으로써 더 나은 해결책을 찾아가고 있다는 걸 느끼
  게 해준다.

그룹코칭이 파워를 발휘하기 위해선 참가자들의 상호연결이 필
수적이다. 참가자들이 서로 연결되지 않고 각자 따로 논다면 집단
지성을 이끌어내기 어렵고 시너지를 기대하기도 어렵다. 그룹코칭
의 파워를 상실하고 만다. 코치는 그룹코칭의 현장에서 참가자들
이 서로 잘 연결될 수 있도록 항상 깨어있어야 한다.

집단지성 Collective Intelligence

'집단지성Collective Intelligence'이란 다수의 개체들이 서로 협력 혹은 경쟁을 통해 얻게 되는 결과, 즉 '집단적 능력'을 뜻한다. 소수의 우수한 개체나 전문가의 능력보다 다양성과 독립성을 가진 집단의 통합된 지성이 올바른 결론에 가깝다. 다양한 개성을 가진 다수의 사람들이 참여하는 그룹코칭은 집단지성을 통해 탁월한 성과를 내기 적합한 형태다. 그러므로 코치는 참가자들이 마음을 열고 적극적으로 참여할 수 있도록 해야 한다. 적극적인 참여를 이끌어내기 위해선 우선 그룹코칭 공간을 안전하게 만드는 게 중요하다. 참가자들이 '내 생각을 말해도 안전하다'는 믿음을 가질 수 있게 해야 한다. 이를 위해 다음 방법을 활용한다.

첫째, 공감과 지지를 표현한다.

안전한 공간을 만들기 위해선 이 부분이 중요하다.

"정말 좋은 의견이군요. 어떻게 그런 것까지 생각하셨어요?"

"대단한 통찰력이군요."

"핵심을 짚어 주셨네요."

공감과 지지의 표현은 조금 과하다 싶을 정도로 해도 좋다. 그리고 코치뿐만 아니라 참가자들끼리도 서로 공감과 지지를 표현하도록 격려한다. 다른 사람이 의견을 말할 때 박수를 치는 것도 좋은 방법이다. 서로 공감해주고 지지해줄 때 참가자들은 정서적으로 연결되고, 자유롭게 의견을 말할 수 있게 된다. 이때 집단지성이 발현될 가능성이 높아진다.

집단지성의 발현

핵심요소	핵심가치	핵심역량
즐거움	존중 이해 공감	신뢰와 안전감 코치 프레즌스 적극적 경청

위의 그림에서 보는 것처럼, 집단지성이 발휘되기 위해선 존중, 이해, 공감의 핵심가치가 밑바탕에 깔려있어야 하고 신뢰와 안전감, 코치 프레즌스, 적극적 경청의 핵심역량이 발휘되어야 한다.

이들은 홀로 작동하는 게 아니라 서로 유기적으로 연결되어 있다.

둘째, 서로 다른 의사소통 스타일을 존중한다.

'DISC 행동유형분석' 이론에 따르면, 사람들의 커뮤니케이션 스타일은 주도형Dominance, 사교형Influence, 안정형Steadiness, 신중형 Conscientiousness의 4가지로 나뉜다. 각 스타일은 자신이 선호하는 방식이 있기 때문에 자신의 스타일을 무시한 커뮤니케이션 방식을 불편해 한다. 이 책은 DISC 이론을 다루는 게 목적이 아니기 때문에 각 스타일의 특징이 그룹코칭에 어떤 영향을 미치는지에 대해서만 간단하게 살펴본다.

주도형

말하는 속도가 빠르고, 결론부터 말한다. 일의 결과에 관심이 많고, 대인관계에 대한 관심은 우선순위가 낮다.

주도형의 사람들은 오직 결과에만 관심을 가지고 대화를 주도하는 경향이 있기 때문에 코치는 적절한 방식으로 다른 사람에 대한 관심을 가질 수 있도록 유도하고, 대화를 독점하지 않도록 유의할 필요가 있다.

사교형

말을 많이 한다. 말하는 속도도 빠르고 재미있게 말한다. 생동감이 있고 다양함을 추구하며 감정 표현을 잘한다. 다른 사람들에 대한 관심이 많다.

사교형의 사람들은 다른 곳에 관심이 이끌려서 코칭주제에 몰입하지 못하는 경향이 있고, 코칭주제에서 벗어난 말을 하기도 하며 대화를 독점하는 경향이 있다. 그들이 주제를 벗어나지 않고 대화를 독점하지 않도록 세심한 주의를 기울일 필요가 있다.

안정형

생각이 많다. 갑작스럽게 말해 줄 것을 요청받으면 불편해 한다. 말하는 속도가 느리고 단조롭다. 다른 사람을 배려하는 것이 중요하고 대인관계를 중시한다.

안정형의 사람들은 자신의 생각을 잘 표현하지 않는다. 코치가 인지하지 못하면 코칭이 진행되는 동안 한 마디도 하지 않을 수 있다. 안정형의 사람들에겐 특별한 관심을 가지고 참여를 이끌어 낼 필요가 있다.

신중형

분석적이며 원인과 이유에 대해 관심이 많다. 서론 없이 곧바로 본론으로 들어가면 불편해한다. 차근차근 생각할 시간이 필요하며 말하는데 신중하다. 감정 표현을 잘하지 않는다.

신중형의 사람들은 '왜?'가 중요하다. 원인과 이유에 대해 이해

되지 않으면 더 이상 토론이 진전되기 어렵다. 처음부터 결론을 도출하려 하지 말고 차근차근 분석하면서 토론할 수 있는 여건을 만들어 줄 필요가 있다. 이들은 머릿속으로 분석을 하고 있어서 말을 많이 하지 않고 말하는 속도도 느리다. 이들은 논리적인 성향이 강해서 자신의 의견을 말할 때 때론 따지는 걸로 비쳐질 수도 있다.

그룹의 집단지성이 발휘되기 위해선 서로 많은 이야기를 주고받아야 하는데, 서로 다른 의사소통 스타일은 자칫하면 갈등을 유발하거나 감정을 상하게 하기도 해서 그룹코칭을 망치는 결과가 초래되기도 한다. 코치는 참가자들이 선호하는 스타일과 싫어하는 스타일이 발견될 때, 서로 존중하면서 토론이 진행될 수 있도록 해야 한다.

시너지 Synergy

그룹코칭엔 일대일 코칭에서 찾아볼 수 없는 특별한 효과가 존재한다. 바로 '시너지 효과'다. 시너지 효과synergy effect란 '두 개 이상의 요소들이 서로 상호 작용을 하여 발생한 효과'를 의미하는 것으로 개별 요소들이 서로 적응하고 통합되어 개별 요소들의 합보다더 큰 효과를 발휘하는 걸 뜻한다. 그룹코칭에선 참가자들의 아이디어가 서로 보태지면서 더 큰 아이디어가 생기는 걸 말한다. 아이디어에 아이디어를 더하고, 아이디어가 서로 충돌하거나 결합하면서 새로운 아이디어가 생기는 것이다.

집단지성과 시너지는 서로 유사한 측면이 있지만 이를 인식하는 포인트가 다르다. 집단지성은 참가자들의 적극적인 참여와 다양한 관점을 이끌어내어 보다 나은 해결책을 찾는다는 측면에서 '물리 작용'의 개념이 강하다면, 시너지는 '화학 작용'의 개념이 강하다. 참가자들의 아이디어가 서로 충돌하고 융합되어 새로운 아이디어로 발전하는 방식으로 화학 작용을 하는 것이다. 예를 들면 선과 선을 더하면 두 개의 선이 되지만, 두 개의 선을 연결하면 면이 되고, 면과 면을 연결하면 입체가 되는 것과 같은 것이다. 시너지는 집단의 지혜를 이끌어내는 과정에서 아이디어의 화학작용을 통해 발현된다. 다음과 같은 질문을 통해 시너지를 이끌어 낼 수 있다.

"그 아이디어가 왼쪽이라면, 오른쪽 아이디어는 무엇일까요?"

"이 두 아이디어가 화학작용을 일으키면 어떻게 될까요?"

"이 두 아이디어가 가진 각각의 장점은 무엇일까요?"

"이 두 아이디어를 어떻게 통합하고 발전시킬 수 있을까요?"

"저 분의 말씀을 들으면서 살짝 웃으셨는데 어떤 생각을 하셨나요?"

"조금 전의 아이디어와 지금의 아이디어를 어떤 방법으로 연결할 수 있을까요?"

"이 아이디어에 보탤 수 있는 게 있다면 무엇일까요?"

"어떤 엉뚱한 아이디어가 떠오르나요?"

차를 한 잔 마신다고 가정해 보자. 우리가 차를 마실 수 있기까진 차를 재배하는 농부의 수고가 있었고, 농작물을 성장시키는 햇

빛도 있었고, 때론 구름의 영향도 있었다. 농부의 수고와 햇빛의 작용, 구름의 영향 등이 서로 작용을 일으켜서 한 잔의 차가 만들어진 것이다. 이게 바로 시너지다. 한 잔의 차를 마시면서 찻잔 속에서 '구름'을 느낄 수 있다면 시너지에 대해 제대로 이해했다고 말할 수 있다.

다수의 사람이 모여 있다고 해서 항상 시너지 효과만 나는 건 아니다. 오히려 개인 역량의 합계보다 집단의 효율성이 떨어지는 경우도 발생할 수 있다. 이런 현상을 '링겔만 효과'라 한다. 프랑스의 농업공학자인 막스 링겔만Max Ringelmann은 줄다리기 실험을 통해 인원이 많아질수록 집단의 줄 당기는 힘은 각 개인의 힘의 합보다 작다는 걸 밝혀냈다. 그룹코칭에서 링겔만 효과가 나타나는 경우는 아래와 같다

- 코칭목표와 코칭주제의 목적이 불분명 한 경우
- 참가자들끼리 소통이 제대로 이루어지지 않는 경우
- 참가자들이 동기부여 되지 않은 경우
- 참가자들끼리 과도한 경쟁이 존재하는 경우

그룹코칭에서 링겔만 효과가 생기는 걸 방지하기 위해선 다음과 같은 노력을 해야 한다.

- 코칭목표와 코칭주제에 대한 명확한 합의를 도출해야 한다.
- 참가자들끼리 서로 존중하고 공감하는 분위기를 만들어야 한다.
- 참가자 각 개인의 가능성을 인정하고, 성취를 지원한다.
- 안전한 코칭 환경을 만든다.

링겔만 효과를 생각하면 집단지성과 시너지의 구분이 더 분명해질 것이다.

성취 Achieve

이상에서 살펴본 즐거움과 연결, 집단지성과 시너지는 모두 그룹코칭의 성과를 내기 위한 요소들이다. 그룹코칭은 과정 그 자체에서 성찰이 일어나고 인식이 전환되기도 하지만, 궁극적인 목적은 성과를 내고 성취를 이루는 것이다. 다음과 같은 방법으로 참가자들을 푸시하지 않으면서 자연스럽게 성취를 이루어낼 수 있다.

- 그룹코칭이 성공한 모습을 명확하게 공유한다.
- 그룹코칭의 성공이 갖는 의미에 대해 인식을 확장한다.
- 코칭이 진행되는 동안 작은 성취를 맛볼 수 있도록 지지하고 지원한다.

- 작은 성취를 이뤘을 때 충분하게 인정하고 축하한다.
- 구체적인 실행계획을 이끌어내고, 실제 삶에서 실천할 수 있도록 격려하고 지원한다.
- 더욱 강력한 실행을 할 수 있도록 격려한다.

하버드의 심리학자 윌리엄 제임스William James는 "사람의 가장 큰 욕구는 인정받는 것"이라고 했다. 인정 욕구가 채워졌을 때, 다른 성취를 향해 도전할 힘이 생긴다. 그룹코칭은 매 세션마다 실행계획을 세우고 실천한다. 실천의 난이도를 떠나 새로운 실천을 한다는 건 쉽지 않은 일이다. 그래서 코치는 참가자들의 조그만 실천이라도 귀하게 여기고 인정과 지지를 보내야 하는 것이다.

지금까지 살펴본 그룹코칭의 핵심가치와 핵심역량, 핵심요소는 따로 떨어져서 홀로 작용하는 개념이 아니다. 서로 연결되어 있다. 핵심가치가 있으므로 핵심역량이 있고, 핵심역량이 있으므로 핵심요소가 있다. 이들은 서로 의지해서 작용한다. 서로 원인이 되기도 하고 서로 결과가 되기도 한다. 다음 그림을 살펴보자.

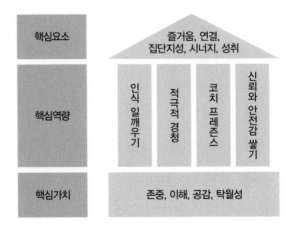

GCE 모델의 통합적 이해

핵심요소	즐거움, 연결, 집단지성, 시너지, 성취			
핵심역량	인식 일깨우기	적극적 경청	코치 프레즌스	신뢰와 안전감 쌓기
핵심가치	존중, 이해, 공감, 탁월성			

그림에서 보는 것처럼 핵심가치는 '존중, 이해, 공감, 탁월성'으로 주춧돌에 해당한다. 핵심역량은 기둥이다. 그리고 핵심요소는 지붕으로 그룹코칭의 결과다. 각 요소들은 상호작용을 하면서 서로 영향을 주고받는다. 어느 하나가 빠지면 다른 하나도 생겨나기 어렵다. '이것이 있으므로 저것이 있고, 저것이 있으므로 이것이 있다.'

GROUP
COACHING

6장.

그룹코칭 완성하기

설계의 3요소

지금까지 그룹코칭의 핵심가치, 핵심역량, 핵심요소, 프로세스에 대해 살펴봤다. 이제 이를 바탕으로 실제 그룹코칭을 진행해 보자. 그런데 그룹코칭을 처음 접하는 코치들이 범하는 실수 중에 가장 빈번하고 큰 실수가 있다. 바로 그룹코칭의 설계다. 설계를 잘못하면 코칭을 망친다. 대충해서도 안 된다. 참가자들이 원하는 게 무엇인지 철저하게 파악하고, 그들은 어떤 사람인지, 어떤 상황에 있는지 등에 대해 자세하고 정확하게 파악해야 비로소 올바른 설계를 할 수 있다. 그룹코칭의 올바른 설계를 위해선 다음 사항들을 잘 파악해야 한다.

Who, 그들은 누구인가?

그룹코칭에 참가하는 사람들이 어떤 사람들이며, 그들이 현재 어떤 상태에 있는지, 그룹코칭을 통해 무엇을 얻고자 하는지 등에 대한 정보를 사전에 파악해야 그에 적합한 그룹코칭을 설계할 수 있다.

다음은 그룹코칭 설계를 위해 사전에 파악해야 할 것들이다.

참가자 : 참가자들의 나이와 직급, 성별, 인원 수 등을 파악한다.

참가자들의 나이와 직급은 전체 분위기를 가늠하게 해주고, 성별의 구성비도 코칭의 역동에 영향을 미친다. 아울러 인원을 파악하는 건 매우 중요하다. 그룹코칭 시간 대비 인원수가 너무 많으면 참가자들 각자가 사용할 수 있는 시간이 너무 적고, 인원이 너무 적으면 다양한 의견을 모으기 어려울 수 있다. 보통의 경우, 코칭 시간이 2시간이라면 6명 내외의 인원이 적당하다.

현재 상태 : 참가자들이 처해 있는 상황, 교육 정도, 코칭에 임하는 태도 등을 파악한다.

현재 참가자들이 처해 있는 상태는 곧바로 그룹코칭의 분위기에 직접적으로 영향을 미친다. 코칭에 영향을 미치는 항목은 다음과 같다.

'그들의 업무 환경은 어떠한가? 얼마나 바쁜가? 업무에 대한 압박의 정도는 어떠한가?'

'그들끼리 서로 어느 정도 알고 있는가? 그냥 얼굴만 아는 정도인가? 알긴 하지만 만나서 대화를 하는 건 처음인가? 서로 관련 있는 업무를 하는 사이인가?'

'그룹코칭에 참여하는 자발성의 정도는 어떠한가? 시켜서 마지못해 참여하고 있는가? 그룹코칭을 통해 뭔가 얻고 싶은 열의가 있는가?'

'그들은 그룹코칭이나 일대일 코칭 등 유사 교육을 받아본 경험이 있는가?'

유사 경험이 있는 사람들에겐 좋았던 기억이든 나빴던 기억이든 자신의 선입견이 있을 수 있다. 때론 코칭에 대한 편견으로 그룹코칭에 저항하는 경우도 있다. 그러므로 유사 경험에 대한 사전 파악을 통해 이에 대비할 필요가 있다.

니즈 : 참가자들이 그룹코칭을 통해 얻고자 하는 건 무엇인가?

욕구는 사람을 움직이게 하는 원동력이다. 아무런 기대나 욕구가 없으면 사람은 움직이지 않는다. 어떤 요인이 참가자들을 움직이게 하는지 사전에 파악해야 한다.

'그룹코칭을 받으면 그들에게 어떤 혜택이 돌아가는가?'

'그들은 코칭을 통해 무엇을 얻고 싶어 하는가?'

'그들이 코칭에 대해 염려하는 것은 무엇인가?'

'그들이 코치에게 바라는 건 무엇인가?'

'코치가 그들에 대해 알아야 할 것은 무엇인가?'

'코치가 주의해야 할 건 무엇인가?'

참가자들의 니즈를 파악하는 방법은 다음과 같다.

첫째, 담당부서와 협의한다.

코칭을 의뢰한 부서 담당자와의 협의는 필수적이다. 코치는 담당자와의 미팅을 통해 Who, What에 대한 정보를 취득하게 된다. 이때 코치는 가능하면 궁금한 모든 것에 대해 많이 묻고 많이 듣는 게 좋다. 더 많이 알면 알수록 더욱 정확하고 세밀하게 코칭을 설계할 수 있기 때문이다.

담당부서와 협의를 할 때는, 그룹코칭을 통해 무엇을 제공할 수 있는지에 대해 코치가 섣불리 먼저 말하지 않는 게 좋다. 코치가 자신감이 없거나 반대로 과시욕이 있으면 말을 많이 하게 된다. 그리고 코치가 먼저 성과에 대해 약속하는 건 경솔한 행동이다. 그들은 호박을 원하는데 코치는 수박을 주겠다고 말하는 경우도 있을 수 있고, 지키지 못할 약속을 하게 될 수도 있다. 충분하게 듣고 난 후에 코치의 생각을 말하는 순서를 꼭 지켜야 한다.

코치들끼리 '담당자의 말에 속지마라.'는 우스개를 하기도 하는

데, 이는 참가자들에 대해 담당자가 설명하는 내용이 때론 심한 왜곡이 있는 경우를 조심하라는 것이다. 담당자의 설명에 의하면 참가자들이 매우 소극적이고 매우 부정적이며 리더십이 형편없다고 했는데 실제론 그렇지 않은 경우도 있다. 담당자의 입장에서, 담당자의 시각으로 본, 참가자들에 대한 설명이기 때문이다. 때론 담당자가 매우 부정적인 경우도 있다. 담당자의 말을 어디까지 들어야 하고, 어디까지 받아들여야 하는지에 대해 정해진 건 없지만, 담당자의 모든 말에 좌우되지 말라는 정도로 받아들이면 좋을 것이다.

둘째, 참가자들을 인터뷰한다.

담당자 미팅은 그룹코칭을 설계하는데 필수적이면서도 동시에 주의해야 할 점이 있다. 앞에서 말한 것처럼, 담당자가 제공하는 정보가 객관적인 것인지, 담당자의 주관이 포함된 것인지 알기 어렵다는 것이다. 그래서 가능하면 그룹코칭에 참가하는 참가자들을 인터뷰하는 게 좋다. 모든 참가자들을 인터뷰하는 건 현실적으로 쉽지 않기 때문에 대체로 2~3명 정도의 참가자들을 인터뷰한다. 실제로 그룹코칭에 참가할 사람들을 인터뷰해보면, 담당자가 말하는 니즈와 다른 경우도 있고 일치하는 경우도 있다. 어떤 경우이든 참가자 인터뷰는 그룹코칭 설계에 실질적인 도움이 된다.

셋째, 상사를 인터뷰한다.

상사 인터뷰의 목적은 그룹코칭에 대한 기대를 파악하는 것이지만, 동시에 그룹코칭에 대한 상사의 지원을 이끌어내는 것이기도 하다. 상사의 관심은 그룹코칭에 지대한 영향을 미친다.

'그룹코칭의 주제가 뭔가요? 요즘 그룹코칭이 어떻게 진행되고 있나요? 코칭을 받는데 어려움은 없나요? 내가 뭘 도와주면 좋을까요?' 등 상사가 그룹코칭에 관심을 가지고 참가자들에게 질문하면, 이는 참가자들이 코칭에 적극적으로 참여하게 하는 밑거름이 된다. 그리고 그룹코칭을 하러 가는 시간에 갑자기 회의를 소집한다든지, 보고를 요구한다든지 하는 장애를 제거해주기도 한다. 실제로 이런 일이 많이 발생한다. 코치는 상사를 인터뷰할 때 참가자들의 코칭시간을 지켜주고, 코칭을 지원해 줄 것을 요청하는 게 좋다.

넷째, 진단을 실시한다.

진단의 종류는 조직문화 진단과 같은 조직 차원의 진단과 강점진단이나 리더십 다면평가와 같은 개인 차원의 진단이 있다. 조직 차원의 진단을 통해 조직 전반적인 현상이나 문제점을 객관적으로 파악할 수 있으며, 개인 진단을 통해선 향후 그룹코칭을 진행하는데 있어 참여자들의 강점과 보완점 등의 사항을 다룰 때 활용할 수 있다. 다만, 진단은 필수사항은 아니며 담당부서와 협의를 통해

결정하는 게 일반적이다.

　담당자 미팅과 참가자 인터뷰, 상사 인터뷰, 진단 실시 등의 목적은 모두 그룹코칭에 참가하는 사람들에 대한 보다 자세하고 정확한 정보를 얻기 위한 것이다. 이때 코치는 그들을 평가하거나 판단하는 자세를 내려놓고 객관적으로 받아들이려 노력해야 한다. 앞에서 경청의 방법 중의 하나가 '판단을 내려놓는 것^{egoless}'이라고 했는데 이는 쉽지 않다. 오죽하면 듣는 걸 수행이라고 했겠는가? 심지어 판단을 내려놓고 들을 수 있으면 도인의 경지에 오른다는 말도 있다. 어쨌든 참가자에 대한 정보 파악은 그룹코칭을 시작하기 위한 첫 번째 단계다. 이때 코치의 선입견이나 편견에 의한 왜곡이 생기지 않도록 코치는 최대한의 경청 역량을 발휘하여 있는 그대로 들을 수 있어야 한다.

What, 그들은 무엇을 원하는가?

　조직에는 다양한 이해 당사자가 있다. 그룹코칭의 고객은 참가자에 국한되지 않는다. 정도의 차이는 있지만 조직의 모든 이해 당사자들이 모두 그룹코칭의 맥락적 고객이다. 코치는 다음과 같은 다양한 고객들의 니즈를 충족시켜야 한다.

- 코칭 의뢰 고객 : 코칭을 의뢰한 부서(인사팀 또는 교육팀 등)와 참가자들이

소속되어 있는 부서

- 비용 지불 고객 : 코칭 의뢰 조직, 해당 조직의 관리자, 스폰서 등
- 코칭 참여 고객 : 그룹코칭 참가자
- 맥락적 고객 : 참가자들의 상사, 동료, 부하직원 등

이처럼 다양한 이해관계자들의 니즈를 최대한 수렴하기 위해선 다음과 같은 사항이 검토돼야 한다.

'그룹코칭의 목적이 무엇인가?'

'이들은 그룹코칭을 통해 무엇을 얻고자 하는가?'

'이들이 그룹코칭에서 다루기를 원하는 것은 무엇인가?'

다음의 (표)를 보면 질문의 의미가 분명해진다.

What 질문의 의미

질문	알아내고자 하는 것	대답 사례
그룹코칭의 목적이 무엇인가?	이유/목적	조직진단 결과 팀장들의 리더십 역량이 부족한 것으로 진단
무엇을 얻고자 하는가?	결과/기대사항	팀원들과 원활하게 소통하고 육성할 수 있는 역량을 갖추도록
다루기 원하는 것은 무엇인가?	주제/내용	경청, 질문 인정 스킬과 코칭 대화모델 활용에 대한 내용

위 질문 외에도 코칭의 성공여부를 어떻게 파악할지에 대한 질문이 추가적으로 필요하다.

'그룹코칭의 성공을 어떻게 정의하겠는가?'

'그룹코칭의 성공 여부를 어떻게 측정하겠는가?'

'어떤 변화가 있으면 코칭이 성공했다고 말하겠는가?'

이는 코칭의 성공여부를 측정하는 지표가 되기도 하지만 동시에 코칭 설계 단계에서 무엇을 성과물로 도출해야 하는지 알게 해준다. 이 또한 담당자와 미팅을 통해 파악할 수 있는데 담당자의 스타일에 따라 미팅의 내용이 달라지기도 한다. 어떤 담당자는 여러 가지 질문을 해도 '코치님이 전문가니까 코치님이 알아서 해주세요.'라고 소극적으로 대답하는 경우가 있다. 그렇게 되면 코칭을 설계하기 위한 정보를 제대로 얻기 힘들다. 코치는 충분한 정보를 얻기 위한 노력을 해야 한다. 이땐 앞에서 공부한 적극적 경청 방법인 '밸류잉'이 효과를 발휘한다. 밸류잉은 그 사람의 말에서 가치 있는 것을 찾아내어 돌려주는 것이다. 코치는 이렇게 말할 수 있다. "저를 믿어주셔서 감사합니다. 말씀도 간결하게 핵심만 말하는 스타일이시군요." 밸류잉은 담당자로 하여금 존중받고 있다는 느낌이 들게 하고, 더 잘하고 싶은 욕구가 생기게 해준다. 이런 담당자는 어렵지 않다. 코치가 조금만 노력하면 된다.

반대의 경우도 있다. 모든 내용을 시시콜콜 말하면서 '코치님, 제가 말한 대로 해주세요.' 하는 식으로 요구하는 것이다. 이 경우가 난감하다. 담당자는 자신의 니즈를 말하고, 그 니즈에 맞게 코치가 코칭을 설계하는 게 정상인데, 담당자가 코칭을 진행하는 방법까지 정해주고 그대로 해달라고 요구하는 것이다. 이런 담당자는 자신이 알고 있는 게 전부라고 생각한다. 그래서 자기 생각대로 해달라고 하는 것이다. 그러나 담당자는 자기 조직의 사람들과 자기 조직의 상황에 대한 전문가이지 코칭에 대한 전문가는 아니다. 코칭 전문가는 코치다. 담당자가 요구한다고 해서 아무런 고민 없이 담당자의 요구대로 코칭을 진행하면 코칭이 망가질 수 있다. 마치 세 살짜리 어린아이가 절벽에서 뛰어내리겠다고 떼를 쓰는 데 그냥 방치하는 것과 같다. 이런 담당자에겐 더욱 적극적인 경청을 해야 한다. 패러프레이징을 하고, 밸류잉을 통해 담당자를 가치 있는 사람으로 만들어 주는 노력이 필요하다. 그리고 담당자의 요구에 대해선 즉답을 하지 말고, 담당자의 요구에 대해 어떻게 구성할 것인지 공부하고 고민해서 방법을 찾겠다고 여유를 가지는 게 좋다. 그 자리에서 담당자를 설득하려고 하는 건 금물이다. 그러면 오히려 더 반발한다. '코치님, 우리 회사 사정은 제가 잘 알고 있으니까 코치님은 그냥 제가 요구하는 대로 해주세요.' 이렇게 되면 난감한 일이 아닐 수 없다. 이때 코치로서 기억해야 할 게 있다. 담당자 미팅을 하는 이유는 코치의 실력을 드러내기 위한 것도 아니고, 담당자를 가르치고 설득하는 것도 아니다. 오직 코칭의 성공을 위한 정보를 얻는 게 목적이다. 담당자가 원만하고 부드러운 사람이든, 고집이 센 사람이든 코치는 담당자에 휘둘려선 안 된다. 비가 오면 우산을 쓰고 햇빛이 강렬하면 선글라스를 쓰는 것처럼 어떤 담당자를 만나더라도 그 또한 하나의 코칭 조건이라 생각하고 유연하게 받아들일 필요가 있다.

How, 어떻게 진행할 것인가?

담당자와 미팅을 통해 코칭에서 무엇을 다루어야 하는지 결정됐다면, 이젠 어떻게 진행할 것인지를 검토해야 한다. 코치는 다음과 같은 내용을 연구한다.

'어떻게 참가자들의 열정을 이끌어 낼 것인가?'

'어떻게 자발성을 이끌어 낼 것인가?'

'어떻게 적극적인 참여를 이끌어 낼 것인가?'

'어떻게 참가자들끼리의 네트워크를 촉진할 것인가?'

'어떻게 참가자들의 자긍심을 일깨울 것인가?'

'어떻게 참가자들의 신뢰와 친밀감을 조성할 것인가?'

'어떻게 안전한 코칭 공간을 만들 것인가?'

'어떻게 참가자들의 호기심을 이끌어 낼 것인가?'

'어떻게 성과를 이끌어 낼 것인가?'

이에 대한 해답은 앞에서 다룬 핵심가치의 '존. 이. 공. 탁'과 핵심역량의 '신뢰와 안전감 쌓기'에 그대로 녹아있다.

지금까지 설명한 그룹코칭 설계의 3요소를 다음 그림과 같이 정리할 수 있다.

그 외의 요소들

WHEN : 코칭 주기, 일정 및 시간

그룹코칭을 설계할 땐 코칭에 영향을 미치는 제반 요소들을 검토해야 한다. 앞에서 살펴본 Who, What, How의 3요소 이외에도 코칭이 실시되는 주기와 코칭 시간 등도 코칭에 영향을 미친다.

코칭 주기

그룹코칭은 보통 일주일 간격으로 진행하는 경우도 있고, 2주일 혹은 3주일 간격으로 진행하거나 한 달에 한 번씩 진행하는 경우도 있다. 그룹코칭의 진행주기는 코칭의 실행력에 영향을 미친

그룹코칭 설계의 3요소: WHO, WHAT, HOW

WHO, **그들은 누구인가?**
참가자 기본정보
참가자의 현재 상태
참가자의 기대 또는 걱정

WHAT, **무엇을 원하는가?**
그룹 코칭의 목적
그룹 코칭의 주제
얻고자 하는 성과와 평가 기준

HOW, **어떻게 진행할 것인가?**
네트워킹과 연결 촉진 방법
신뢰와 안전감 조성 방법
구체적인 코칭 진행 방법

다. 일주일에 한 번씩 진행하는 경우의 실행계획과 한 달에 한 번씩 진행되는 경우의 실행계획은 달라야 할 것이다. 일주일에 한 번씩 진행하는 경우의 실행계획은 보다 더 작은 단위로 구체적으로 수립해야 할 것이고, 한 달에 한 번씩 진행되는 경우에는 한 달 동안 충분하게 실행할 수 있는 계획이 되어야 할 것이다. 대체로 2주일에 한 번씩 진행하는 경우가 많다.

코칭 일정

모든 일정이 사전에 정해져 있는지 혹은 참가자들이 협의해서 정하는지에 따라 고려해야 하는 점이 달라진다. 사전에 정해져 있는 경우, 의뢰자(고객사)가 좀 더 영향력이 있으며 상대적으로 참가자들이 소극적일 수 있다. 반대로 일정을 포함하여 코칭의 세부사항에 대한 결정이 참가자들의 협의에 의해서 이루어진다면 참가자들이 좀 더 적극적일 수 있다. 그룹코칭을 진행하는데 있어서 제일 힘든 부분이 '전원 참석'이다. 첫 세션에서 전체 일정을 먼저 정해 놓고 전원이 참석할 때만 코칭을 진행한다는 약속을 하는 게 중요하다. 부득이하게 해당 일정에 참석하지 못하는 사람이 생길 경우 그냥 불참하게 하지 말고 일정을 재조정하여 전원이 참석하기로 약속한다. 불참 사유 발생자가 코치와 전체 참가자들에게 연락해서 일정을 조율하기로 그라운드 룰을 정해 놓으면 일정 조정이 쉽지 않다는 걸 알게 되고, 다음부터는 그룹코칭 일정을 중요한 스케줄로 여기게 된다.

진행 시간

보통 한 차수에 2시간 내외로 진행한다. 시간이 너무 짧은 경우 충분한 코칭이 진행되기 어렵기 때문에 최소 2시간 이상 확보해야 한다. 또한 참가 인원에 따라 시간을 고려해야 한다. 예를 들어 정해진 시간이 2시간일 때, 참가자가 6명인 경우, 산술적으로 1인 당 20분의 시간(120분÷6명=20분)이 할애되지만, 10명이 되면 1인당 12분의 시간이 주어져 개별적 참여 시간이 부족할 수밖에 없다. 따라서 참가 인원에 맞춰 진행 시간을 조정하는 게 바람직하다.

WHERE : 코칭 장소와 공간

코칭일정과 코칭시간 외에 장소와 공간도 코칭에 영향을 미친다.

적절한 규모의 공간

그룹코칭은 6~10명의 소규모 인원으로 진행되므로 인원에 맞는 적절한 코칭 공간 확보가 중요하다. 가령 6명의 그룹이 진행하는데 대기업 중역 회의실과 같은 넓은 테이블에서 진행한다면 참가자 간에 공간적 거리가 멀어져서 친밀감 형성과 상호작용이 어려워질 수 있다.

안전한 공간

코칭 공간은 단순히 물리적 공간만을 의미하지 않는다. 심리적 공간도 존재한다. 심리적으로 안전한 코칭 공간을 만들기 위해 코치는 참가자들에 대한 존중과 이해를 통해 공감을 표현한다. 참가자들은 자신들의 의견이 존중받고, 상황을 이해받고, 감정을 공감받았을 때 심리적인 안전감을 느끼게 된다. 어떤 발언을 해도 무시당하거나 비난받지 않을 것이라는 믿음을 줘야한다. 그리고 그룹 코칭에서 다루어진 내용에 대한 비밀 유지가 중요하다. 참가자들의 자유로운 의사 표현은 비밀 보장이라는 안전한 토대 위에서 비로소 가능해진다. 코칭시간에는 모든 이야기가 가능하지만 이곳에서 듣고 알게 된 걸 외부로 유출하지 않도록 해야 하고, 서로의 개인사에 대해 철저하게 존중하는 분위기를 만들어야 한다.

첫 세션 설계하기

그룹코칭은 첫 세션, 중간 세션, 마무리 세션의 세 단계로 구분된다. 각 단계에서 다루는 내용의 특징에 따른 분류이다. 첫 세션은 코치와 참가자들이 처음 만나는 시간이다. 첫 세션은 코치와 참가자들 모두에게 약간의 긴장감이 있다. 첫 세션은 코칭에 대한 첫인상을 좌우하고 향후 코칭에 대한 기대감을 결정한다.

'그렇지 않아도 바쁜데 쓸데없이 이런 일로 시간을 뺐는거야?'

'와우~ 이런 것들을 다루는구나! 앞으로 큰 도움이 되겠는데~'

'재미도 있고, 배울 것도 많네. 앞으로가 기대된다.'

'앞으로 열심히 참여하면 많은 도움이 되겠구나.'

코칭을 통해 도움 받을 게 있다고 느끼는지, 코칭을 통해 아무런 도움을 받지 못하겠다고 느끼는지에 따라 향후 코칭에 참여하는 태도가 달라지고 참석률이 달라진다. 사람들은 자신에게 도움이 되는 것에는 관심을 가지지만, 도움이 되지 않는 것에는 소극적이 되기 때문이다. 첫 세션에서 어떤 기대감을 만들어 내는지가 향후 코칭의 성패를 좌우한다. 첫 세션을 시작할 때 코치가 자신을 먼저 소개하고 참가자들끼리 인사하는 시간을 가진다. 이 시간을 통해 상호 친밀감을 높이고 코칭에 대한 기대감을 조성한다.

자기소개를 통한 기대감 조성하기

첫 세션에서 만나는 참가자들은 서로 잘 아는 사람들일 수도 있고, 그냥 얼굴만 아는 사람일 수도 있고, 아예 처음 만나는 사람일 수도 있다. 그들의 친숙함 정도에 따라 자기소개 내용은 바뀌겠지만, 그룹코칭에 함께 참여하는 동료로서 호기심과 기대감을 이끌어내는 것은 마찬가지다. "코치님, 우리끼리는 서로 잘 알고 있으니까, 우리는 자기소개를 할 필요가 없고 코치님만 소개하면 됩니다."라고 말하는 참가자도 있다. 이럴 때 코치는 당황할 필요가 없다. "그러시군요. 알려주셔서 감사합니다. 서로 잘 알고 있는 사이라서 이번 코칭이 더욱 기대가 됩니다. 그럼, 오늘은 자기소개가 아니라 자기자랑 하는 시간을 한번 가져보면 어떨까요? 여태까지 직장생활을 하면서 보람을 느꼈던 일들을 서로 자랑해볼까요?" 하는 방식으로 더 깊이 있는 대화를 나눌 수 있는 계기가 된다. 자기

소개 방식에는 이름, 직급, 하는 일 등을 이야기하는 'Doing 방식'의 자기소개와 내면의 성품 등에 대해 이야기하는 'Being 방식'의 자기소개가 있다. 다음과 같은 것들이 'Being' 방식의 자기소개다.

- 나의 별명과 그 이유는?
- 자신과 닮은 연예인은?
- 자신의 리더십을 색깔로 표현해 본다면?
- 자신을 동물에 비유한다면?
- 자신의 성격을 한 마디로 표현한다면?
- 지금의 나에게 선물을 준다면?
- 이번 코칭을 통해 꼭 얻고 싶은 것 한 가지는?

Doing 방식보다 Being 방식의 자기소개가 친밀감과 안전감을 쌓는데 더 효과적이다. Being 방식의 자기소개 방법을 조금 더 살펴보자.

첫째, 가장 대표인 자기소개 방법은 이미지카드를 활용하는 것이다.
① 사전에 이미지 카드를 준비하고, 이미지 카드를 테이블에 펼쳐놓는다.
② 참가자들이 이야기를 나눌 수 있는 주제어를 제시한다.(예시, 그룹코칭을 통해 얻고 싶은 것, 요즘 나의 삶을 잘 나타내는 것, 나에게 팀장이란? 등)

③ 주제어를 잘 설명하는 카드를 고르게 한 후 한 명씩 돌아가며 발표한

다.(한 사람이 이야기하고 난 후에 박수를 쳐주면 에너지가 올라간다.)

이미지카드로 자기 소개하기

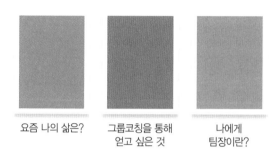

| 요즘 나의 삶은? | 그룹코칭을 통해 얻고 싶은 것 | 나에게 팀장이란? |

둘째, 해시태그를 활용한다.

서로 잘 아는 사람들끼리 그룹코칭을 시작할 때, 일반적인 자기 소개는 필요 없으므로 재미 요소를 가미하여 자신을 잘 나타내는 키워드로 해시태그를 만들어서 자기를 소개한다.

① 자신을 잘 나타내는 키워드를 사용하여 해시태그를 만든다.

② 작성한 해시태그의 내용을 공유한다.

이미지카드로 자기 소개하기

#와인	#여행	#국선도
#등산	#참선_명상	
#자기개발_스터디	#강점코칭	#리코_그룹코칭

셋째, 질문지를 활용한다.

① 참가자들이 서로 알면 좋을 만한 내용의 질문지를 미리 만든다.

② 질문지가 적힌 종이를 나눠준다.

③ 2인 1조로 질문지의 내용을 서로 묻고 답한다.

다음은 자기소개 질문의 예시다.

[당신이 궁금해요]

- 지금까지 삶에서 뿌듯했던 순간은 언제였나요?

- 직장 생활을 하면서 보람 있었던 것은 무엇입니까?

- 직장생활을 통해 이룬 성취는 무엇입니까?

- 스스로 멋있게 보일 때는 언제입니까?

- 다른 사람들이 말하는 자신의 강점 3가지는 무엇입니까?

- 잘 살아온 자신에게 칭찬을 해준다면 뭐라고 해주겠습니까?

- 그룹코칭을 통해 무엇을 얻고 싶습니까?

자기소개 질문 내용은 상황에 따라 다르게 준비하는 게 좋다. '당신이 궁금해요' 질문을 다음과 같이 다르게 할 수도 있다.

자기소개는 꼭 자신을 소개하는 것에만 의미가 있는 게 아니라, 아이스브레이킹의 목적도 있기 때문에 참가자들이 서로 잘 알고 있는 경우와 그렇지 않은 경우에 맞게 준비하는 게 좋다. 2장 '그룹코칭의 프로세스'에서 아이스브레이킹을 준비할 때 고려해야 할 사항에 대해 살펴본 것처럼 자기소개를 준비할 땐 다음 내용을 확인할 필요가 있다.

첫째, 자기소개 내용이 서로에 대한 호기심을 불러일으키는가?
둘째, 그룹코칭의 주제와 관련이 있는가?

셋째, 자기소개를 통해 참가자들의 친밀감을 촉진하는가?

넷째, 자기소개 내용이 참가자들의 자긍심을 불러일으키는가?

다섯째, 자기소개 시간은 적정한가?

자기소개가 너무 뻔한 내용이거나, 시간이 너무 길어서 지루해지지 않도록 각별한 주의를 해야 하고, 자기소개를 통해 향후 코칭에 대한 기대감을 조성할 수 있도록 철저하게 준비해야 한다.

신뢰와 안전감 쌓기

참가자들이 코칭 공간을 안전하게 여기는지가 참여의 정도를 결정한다. 그러므로 모든 참가자들이 자신의 이야기를 마음껏 말할 수 있는 환경을 만드는 게 필수적이다. 환경은 물리적 환경과 심리적 환경이 모두 포함되는 개념이다. 신뢰와 안전감을 쌓는 방법은 4장 '핵심역량'에서 자세하게 다룬 것처럼 코치가 다음 내용을 철저하게 실천하는 것이다.

- 참가자가 어떤 말을 해도 평가하거나, 비교하지 않는다.
- 어떤 의견도 비난하지 않고 존중한다.
- 참가자들이 처해 있는 상황에 대해 이해하려고 노력한다.
- 참가자의 말에 공감을 표현한다.

신뢰와 안전감을 쌓는 방법은 '존중, 이해, 공감, 탁월성'을 철저하게 실천하고 보여주는 것이 핵심이다.

그라운드 룰 정하기

그라운드 룰Ground rule이란 참가자들이 코칭에 임하는 태도, 토의하는 방식, 윤리 등 그룹코칭을 진행하면서 서로 지켜야 할 규칙, 약속을 말한다. 명확하고 분명한 그라운드 룰은 참가자들이 코칭에 임하는 태도가 어떠해야 하는지 인식하게 해준다. 그라운드 룰은 향후 코칭을 진행하는데 있어서 규범이 된다. 다음은 그라운드 룰을 정할 때 고려해야 하는 사항이다.

첫째, 모든 참가자가 참여해서 결정한다.
둘째, 항목이 너무 많아지지 않도록 한다.
셋째, 명확하고 구체적인 내용이어야 한다.
넷째, 매 세션마다 주기적으로 강조되어야 한다.

그라운드 룰을 만드는 작업은 다소 재미가 없고 약간의 압박을 느끼기도 한다. 상상해보라. 그룹코칭을 하기 위해 만난 첫날 첫 시간에 앞으로 우리가 지켜야 할 약속을 정하자고 들이댄다면 뻘쭘한 상황이 연출될 수도 있을 것이다. 이때는 무거운 내용을 가볍게 터치하게 해주는 상징물 연상법을 활용하는 게 좋다.

먼저 코치가 가운데 원을 비워둔 빗살무늬 원을 그린다.

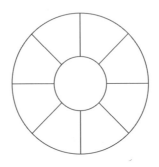

원을 그리고 난 후에 좋아하는 게 무엇인지 묻는다. 예를 들면 '여행, 휴대폰' 같은 것들이 있을 수 있다. 우리는 "여러분, 낙지 좋아하세요?" 하고 묻는다. 대체로 그렇다고 대답한다.

그러면 가운데 원에 '낙지'라고 적는다. 그리고 묻는다. "낙지를 생각하면 뭐가 떠오르나요?" 참가자들이 불러주는 걸 그대로 빗살무늬에 받아 적는다. 이때 참가자들이 불러주는 내용을 코치가 마음대로 바꾸지 말고 불러주는 그대로 적는 게 중요하다. 아무리 긴 문장이라도 참가자들이 불러주는 대로 받아 적고, 가급적이면 토씨도 틀리지 않게 적는다. 이는 참가자들을 있는 그대로 존중하겠다는 코치의 마음가짐을 보여주는 기회가 된다. '존. 이. 공. 탁'을 실천할 수 있는 소중한 기회다.

빗살이 모두 채워지고 나면 '낙지'를 '그라운드 룰'로 대체한다. 낙지를 통해서 연상된 내용(맛있다, 소주, 빨판 등)을 그라운드 룰로 연결하면 무엇이 떠오르지 묻고, 참가자들이 불러주는 내용을 받아 적는다.

이 과정을 통해 도출된 것들(멋있다, 즐겁다, 강력하다 등)을 '그라운드 룰'과 연결한다. 코치는 "지금까지 작업한 내용을 참고해서 우

리들이 지켜야 할 그라운드 룰을 만들어볼까요?" 하고 제안한다. 이 과정에서 그라운드 룰에 적합한 내용이 나오지 않을 것을 염려하지 않아도 된다. 코치는 오직 참가자들의 '탁월성'만 믿으면 된다. 대체로 다음과 같은 그라운드 룰이 도출된다.

- 코칭시간에 빠지지 않고 전원 참석한다.
- 코칭시간에 지각하지 않는다.
- 모든 사람이 적극적으로 참여한다.
- 다른 사람 의견을 비판하거나 비난하지 않는다.
- 어떤 의견도 존중한다.
- 코칭시간에 다루어진 내용에 대해선 비밀을 유지한다.

그라운드 룰을 정할 때 코치는 다음 두 가지 사항을 강조하는 게 좋다.

첫째, 아무도 틀리지 않는다.

코칭 중에 나오는 어떤 이야기도 서로 존중한다. 자신의 의견을 말하는 건 좋지만 상대를 비난하지는 않는다.

둘째, 반드시 참석하자

혹시 그날 참석 못할 사유가 생긴 사람은 본인이 다음 일정을 조율하게 한다. 비록 2-3번 연기되는 한이 있더라도 반드시 전원 참석이 가능한 일정을 정할 것을 요청한다. 이렇게 하면 웬만하면 빠지지 않게 된다. 우스갯소리로 '본인 장례식' 외에는 빠지면 안된다고 말하기도 한다. 그만큼 전원 참석은 중요하다.

코칭목표 설정하기

코치들은 첫 세션이 가장 어렵다고 한다. 첫 세션은 참가자들과 처음 만나는 시간이다. 호기심과 긴장감 속에서 코칭에 대한 기대감을 조성해야 하고, 신뢰와 안전감을 조성해야 하며, 그라운드 룰을 정하고 코칭목표와 주제를 설정하는 등 챙겨야 할 게 많기 때문이다. 코칭목표는 향후 그룹코칭을 통해 달성하고자 하는 걸 말하고, 코칭주제는 코칭목표를 달성하기 위한 세부적인 주제를 말한다. 대개의 경우, 그룹코칭은 큰 틀에서 코칭목표가 주어진다. 주로 다음과 같은 것들이 코칭목표로 주어진다

- 조직 관리를 잘하는 리더 되기
- 소통을 잘하는 리더 되기
- 리더십 역량 개발하기
- 피드백을 잘하는 리더 되기
- 코칭을 잘하는 리더 되기
- 팀워크를 개선하기
- 구성원 육성을 잘하는 리더 되기
- 성과관리를 잘하는 리더 되기

- 부서 간 협업을 잘하기

이렇게 주어진 코칭목표를 달성하기 위해 보통 6~10회의 코칭을 진행한다. 흔하진 않지만 조직에서 코칭목표를 제시하지 않고 참가자들끼리 자유롭게 코칭목표를 정하게 하는 경우도 있다. 이땐 참가자들끼리 의논해서 코칭목표를 정하는데, 다음 사항을 유의해야 한다.

- 전체 참가자들의 의견이 자유롭게 교환될 수 있는 분위기를 만든다.
- 참가자들이 진정으로 원하는 목표인지 확인한다.
- 구체적인 행동으로 연결될 수 있는 목표를 정한다.
- 도전적인 목표를 정한다.

코칭목표 설정과정에서 참가자들의 생각을 이끌어내기 위해 코치는 다음과 같은 질문을 적절하게 활용한다.

'이번 그룹코칭을 통해 무엇을 얻고 싶은가?'
'그룹코칭을 통해 해결하고 싶은 것은 무엇인가?'
'어떤 해결해야 할 어려움이 있는가?'
'지금보다 더 잘하고 싶은 것은 무엇인가?'
'조직이 우리에게 바라는 기대사항은 무엇인가?'

'우리들에 대한 주변 사람들의 기대는 무엇인가?'

'마음대로 할 수 있다면 무엇을 하고 싶은가?'

이런 질문들을 적절하게 활용하여 충분하게 토론하고 난 후, 그 중에서 2~3개의 후보를 정해서 다음의 의사결정그리드를 사용하여 코칭목표를 확정한다.

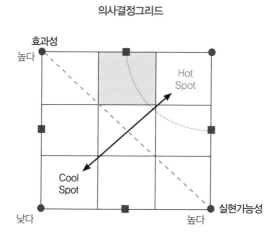

이 그리드는 코칭목표의 유효성과 적합성을 판단하기 위한 도구다. 코치는 실현가능성(X축)과 효과성(Y축)에 대해 설명한다.

- Cool Spot은 효과도 낮고 실현가능성도 낮은 영역이다. 이 주제는 코칭목표로서 의미가 없다.
- Hot Spot은 효과도 높고 실현가능성도 높다. 이 영역도 코

칭목표로서 의미가 적다. 그룹코칭에서 다루지 않아도 저절로 실현될 가능성이 높기 때문이다.

- Pink Spot은 실현하기는 쉽지 않지만 그 효과는 높다. 코칭목표 달성의 효과가 높다. 이 영역에 해당하는 걸 코칭목표로 정하는 게 좋다.

코치는 다음 작업을 수행한다.

① 화이트보드에 위의 그래프를 그린다.

② 코칭목표 후보가 여러 개 나왔다면 포스트잇에 써서 그것들이 어디에 해당하는지 붙여 보게 한다.

③ 한 사람이 붙이고 난 후에, 다른 사람은 자신의 생각대로 포스트잇을 옮길 수 있다.

④ 다른 사람들이 모두 동의하면 그대로 두고, 동의하지 않으면 계속해서 포스트잇을 이동하는 작업을 계속한다.

⑤ 더 이상 포스트잇의 위치 이동이 없거나, 비슷한 맥락이 나오면 참가자들과 논의를 통해 우선순위를 결정한다.

참가자들이 돌아가면서 화이트보드에 해당주제의 포스트잇을 뗐다 붙였다 하면서 이 목표에 대한 논의를 계속하게 되면 자연스레 목표에 익숙해 질 수 있다. 이 작업을 실시하면 자신들의 의견이 반영된 코칭목표가 되기 때문에 목표 달성 의지가 높아진다. 이 과정은 아이스브레이킹의 효과도 있다. 때론 웃음이 터지기도 하고, 때론 심각한 모드가 되기도 한다. 이 과정을 통해 자연스레 다른 참가자의 생각을 알게 되고 목표에 대한 해결의지가 높아진다.

코칭주제도 역시 이런 방법으로 정한다. 코칭목표가 '소통을 잘하는 리더되기'라면, 코칭주제는 '경청을 잘하는 방법', '질문을 잘하는 방법', '인정을 잘하는 방법' 등이 정해질 것이고, 코칭목표가 '조직 관리를 잘하는 리더되기'라면, 코칭주제는 '조직관리를 위한 성과관리 방법', '조직관리를 위한 소통', '조직관리와 사람관리' 등이 될 수 있을 것이다.

코칭목표와 코칭주제

코칭목표	코칭주제
소통을 잘하는 리더 되기	경청을 잘하는 방법
	질문을 잘하는 방법
	인정을 잘하는 방법
조직 관리를 잘하는 리더 되기	조직 관리를 위한 성과관리 방법
	조직 관리를 위한 소통
	조직 관리와 사람 관리

첫 시간은 약간 긴장되기도 하지만 동시에 기대감도 있다. 지금까지 살펴본 것처럼 첫 세션에서는 대체로 다음 사항을 다룬다.

- 적절한 자기소개를 통해 코칭에 대한 호기심을 불러일으키고 기대감을 조성한다.
- 참가자들의 자유로운 생각을 이끌어 낼 수 있는 코칭 환경을 만들기 위해 신뢰와 안전감을 쌓는다.
- 지켜야 할 약속인 그라운드 룰을 만든다.
- 그룹코칭을 통해 얻고자 하는 내용이 잘 포함된 코칭목표와 코칭주제를 정한다.

다음과 같이 소감을 공유하면서 첫 세션을 마무리한다.

'오늘 코칭을 통해 무엇을 배웠는가?(Key Learning)'

'어떤 성찰이 있었는가?(Reflection)'

'무엇을 실천하겠는가?(Action Plan)'

이를 통해 참가자들의 그룹코칭에 대한 첫 인상과 앞으로의 기대감을 확인할 수 있다. 다음과 같은 참가자들의 대답이 있었다.

"자신의 강점에 대해 성찰할 수 있는 귀중한 시간이었다."

"스스로 되고 싶은 리더의 모습을 확인할 수 있어서 가슴이 설레었다."

"나만 힘든 줄 알았는데 다른 사람들도 모두 힘들다는 걸 알고 위로가 됐다.”

　“팀장으로서 어떤 노력을 해야 하는지에 대해 다른 사람들의 이야기를 들으면서 배울 수 있는 시간이었다.”

　“재미있었다. 앞으로의 코칭 시간이 기대된다.”

　“뿌듯하다. 앞으로 리더의 역할을 잘 할 수 있을 것 같은 자신감이 생겼다.”

중간 세션 설계하기

코칭의 구조에 대한 이해를 돕기 위해, 처음 코칭을 시작하는 세션을 첫 세션, 마지막에 하는 세션을 마무리 세션, 그 중간에 이루어지는 모든 세션은 중간 세션이라 부르기로 한다. 7회의 코칭을 한다고 할 때 2~6차 세션이 중간 세션이다. 첫 세션에서 코칭목표를 정하고 전체 구조를 확정했다면, 중간 세션에선 코칭목표를 달성하기 위한 본격적인 코칭이 진행된다. 그리고 마무리 세션은 코칭을 총정리 하는 시간이다. 중간 세션은 모두 G.R.O.U.P 프로세스에 따라 진행한다.

Greetings : 친밀하고 안전한 공간 만들기

첫 번째 코칭 세션 이후 두 번째 만나는 세션에서는 편안하고 자연스럽게 시작할 수 있는 환경을 만들기 위해 아이스브레이킹으로 시작한다.

"그동안 어떻게 지냈습니까?"

"지난 번 코칭 이후 어떤 좋은 일이 있었습니까?"

"최근에 있었던 굿 뉴스를 말씀해 주겠습니까?"

"최근에 어떤 감사한 일이 있었나요?"

"최근에 자신이 한 일 중에서 자랑할 만한 일은 무엇인가요?"

이런 방식으로 가볍게 대화를 이끌어 내고 긍정적인 분위기를 만든다.

Greetings 단계에선 다음과 같은 가벼운 아이스브레이킹 도구를 활용할 수 있다.

첫째, 나의 뇌구조 게임을 한다.

① 뇌의 모습이 그려진 종이를 나누어 준다.

② 요즘 자신의 머릿속을 채우고 있는 것들이 무엇인지 적는다.

③ 적은 내용을 참가자들과 공유한다.

나의 뇌구조 게임은 자신의 최근 관심사를 그림으로 표현하고 다른 참가자들의 이야기를 들으면서 서로 이해가 깊어지고 친밀감이 높아진다. 시간은 5~10분 정도 소요된다.

둘째, 진진가眞眞假 게임을 한다.

① 각자 자신을 잘 설명하는 5가지를 종이에 적는다.(상황에 따라 3개를 적기도 하고, 7개를 적기도 한다. 개수가 많아지면 시간이 더 많이 소요된다. 목적에 따라 개수를 선택할 수 있다.)

② 5가지에는 진실 4개와 거짓 1개가 포함되도록 한다.

③ 자신이 적은 내용이 모두 사실인 것처럼 설명한다.

④ 설명을 들은 사람들은 거짓이 무엇인지 알아맞힌다.

⑤ 정답이 무엇인지 밝히고, 다음 사람의 순서로 진행한다.

진진가는 아이스브레이킹 효과와 함께 서로에 대한 이해를 높여주는 효과가 있다. 다만, 시간이 길어지면 지루해질 우려가 있으니 시간은 10분을 넘지 않도록 주의해야 한다.

셋째, 질문 주사위 게임을 한다.

① 주사위와 질문지를 나눠준다.(질문지의 질문 내용은 참가자들의 나이, 지위, 상황, 코칭주제 등을 고려하여 적합한 질문을 만든다.)

	1	2	3	4	5	6
1	당장 여행하고 싶은 곳?	어떤 사람을 볼 때 속물이 라는 생각이 드나요?	직장에서 칭찬 받고 싶은 말은?	당신은 착한 사람인가 요? 그 이유는?	10년 전의 당신을 생각하면 무엇이 떠오르나요?	자신의 성격을 한 마디로 말한다면?
2	주변에서 칭찬 해 주고 싶은 사람은? 이유는?	당신이 했던 가장 큰 내기는 무엇이었나요? 결과는?	전생이 있다면 당신은 무엇이었을까요?	슬럼프를 극복하는 자신의 방법은?	요즘 주된 관심사는?	자신이 멋있게 보일 때는?
3	심심하고 무료할 때 무엇을 하나요?	지난 일주일간 자신이 한 착한 일 3가지는?	삶의 활력소가 되는 것이 있다면?	만날 수 있다면 만나고 싶은 사람은 누구인가요?	시간과 돈이 허락된다면 무엇을 해보고 싶은가요?	살면서 잘 했다고 생각되는 것은?
4	살면서 가장 행복했던 순간은?	당신 자신에 대해 사람들에게 알리고 싶은 것이 있다면?	소중하지만 소중하게 대하지 못하고 있는 대상이 있다면	당신의 집안은 어떤 분위기인가요?	주변 사람들에게 듣고 싶은 말은?	인생의 특정 시점으로 돌아갈 수 있다면?
5	가장 가지고 싶은 것은?	자신의 가장 소중한 물건은?	살면서 후회되는 것은?	아무리 힘들고 귀찮아도 자꾸 하게 되는 일이 있다면?	마지막으로 크게 울어본 때는?	마지막으로 크게 웃어본 때는?
6	자신의 고치고 싶은 점이 있다면?	100일의 휴가가 주어진다면 무슨 일을 하고 싶은가요?	언제, 무슨 일을 할 때 에너지가 생기나요?	사람을 볼 때 중요하게 생각하는 기준은?	당신이 먹지 않는 식재료가 있다면?	어릴 때 갖게 된 버릇이 있다면?

② 한 명이 먼저 주사위를 두 번 던진다. 첫 번째 던져서 나온 숫자는 가로, 두 번째 던져서 나온 숫자는 세로, 가로 세로의 교차점에 있는 질문을 읽고 질문에 대해 대답한다.

③ 순서대로 돌아가며 진행한다.

이 게임은 질문을 참가자들의 상황에 맞게 자유롭게 구성할 수 있어서 재미 요소를 더할 수도 있고, 질문에 대답하면서 자신을 돌아보게 하는 효과를 낼 수도 있다. 또한, 네트워크가 촉진되고 친밀감이 높아진다. 5~10분 정도 소요된다.

넷째, Up Down 카드로 소개한다.

① Up-Down 카드(또는 포스트잇)를 나누어 준다.

② 자신의 삶 속에서 더 높이고 싶은 것과 더 낮추고 싶은 것을 적는다.

③ 적은 내용을 참가자들과 공유한다.

이 활동은 아이스브레이킹 효과와 함께 자신의 최근 상태에 대해 가볍게 돌아보게 하는 효과도 있다. 5~10분 정도 소요된다.

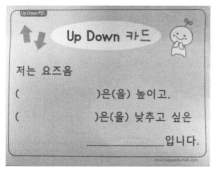

〈도구 출처 : 학토재〉

다섯째, 참가자들의 감정을 공유한다.

① 감정이 적힌 리스트를 나누어 준다.

감동적인	당혹스러운	시원한	궁금한	멍한	무심한	심심한	친밀한
짜릿한	의기소침한	안심되는	생기 있는	놀란	초조한	안쓰러운	고마운
설레는	자랑스러운	편안한	신기한	불안한	겁나는	사랑하는	답답한
힘이 넘치는	걱정스러운	한가한	망설이는	재미있는	지친	슬픈	외로운
당당한	의심스러운	고요한	허무한	경멸스러운	부끄러운	미안한	귀찮은
희망찬	혼란스러운	반가운	샘나는	수치스러운	심술 난	절망하는	예민한
흐뭇한	조심스러운	기쁜	뿌듯한	고통스러운	무서운	억울한	화나는
다정한	어리둥절한	열중하는	냉담한	혐오스러운	미운	서운한	즐거운

② 리스트에서 자신이 요즘 주로 느끼는 감정 3개를 고른다.

③ 왜 그런 감정을 느끼게 되었는지 참가자들과 공유한다.

이 활동을 통해 자신의 현재 상태를 돌아보는 효과가 있고, 참 가자들끼리 서로의 감정을 공유하면서 공감대가 생기고 친밀감이 높아진다. 참가자들이 자신의 감정에 대해 얼마나 길게 이야기하는지에 따라 시간이 달라지겠지만 평균적으로 10~15분 정도가 소요된다. 다른 도구에 비해 다소 시간이 더 걸리긴 하지만, 그룹코칭의 진행 정도에 따라 참가자들끼리 서로의 감정을 공유하면 좋을 상황이 있을 때 활용하면 효과적이다.

각 세션의 그리팅스 단계에서는 도구를 활용하면 효과적인 경우가 많다. 그러나 도구를 사용하는 데 있어 잊지 않아야 할 게 있다. 도구는 분위기를 편안하게 해주고 에너지를 높여주며 친밀감을 높여주는 효과가 있다. 그러나 도구를 활용하면 재미있고 분위기가 좋아진다고 해서 도구에 빠지면 안 된다. 도구 자체를 사용하는 게 그룹코칭의 목적은 아니다. 도구는 단지 촉매제일 뿐임을 알아야 한다. 도구의 적절한 활용을 위해선 다음 사항을 유의해야 한다.

- 도구의 본질을 이해하자. : 도구를 사용하는 목적이 무엇인지, 어떤 효과가 있는지 등 도구가 가진 특성과 사용 방법에 대해 철저하게 이해하자. 도구 그 자체에 얽매이지 말자. 도구에 얽매이는 걸 일컬어 도구에 갇힌다고 한다. 도구의 본질이 무엇인지 잊으면 안 될 것이다.
- 상상력을 발휘하자. : 어떤 경우에 어떤 도구를 사용하면 도구에 얽매이지 않고 코칭의 효과를 극대화할 수 있겠는지 그룹코칭의 각 장면마다 상상력을 발휘하자. 도구에 갇히지 않고 잘 사용할 수 있으려면 코칭의

각 장면에 대한 상상력을 발휘할 필요가 있다.

- 창의적으로 활용하자. : 도구의 본질을 철저하게 이해하고, 그룹코칭 현장에 대한 상상력을 발휘하면 도구를 창의적으로 활용할 수 있다. 도구를 얼마든지 상황에 맞게 변형하고 줄이거나 늘리는 것이 창의적으로 도구를 사용하는 것이다. 어떤 도구든 상황에 맞춰 적절하게 활용할 수 있는 능력이 필요하다. 이는 도구의 본질에 대한 이해를 바탕으로 무한한 상상력을 발휘할 때 비로소 가능해진다. 이런 창의력은 시간이 갈수록 강화될 것이고, 스스로 자유롭게 도구를 만들어 낼 수 있는 역량도 생길 것이다.

도구 활용이 그 자체로 그룹코칭의 목적을 달성하게 하진 않는다. 그러나 어떤 경우엔 도구만 잘 사용해도 해당 그룹코칭의 목적을 곧바로 달성하기도 한다. 도구는 그 자체로 선(善)도 아니고 악(惡)도 아니다. 다만, 코치가 어떻게 활용하는지에 따라 선이 되기도 하고 악이 되기도 한다. 분명한 건 도구의 창의적 활용을 통해 그룹코칭의 효과를 극대화할 수 있다는 것이다.

Revisit : 실행을 공유하고 학습을 심화한다.

매 중간 세션은 그리팅으로 시작하고 연결해서 리비짓Revisit을 한다. 이 단계는 지난 세션에서 이끌어낸 실행계획을 얼마나 실천했는지에 대해 공유하는 시간이다. 이 시간을 통해 참가자들은 서로를 통해 배우고 시너지를 낸다. 그래서 이 단계를 그룹코칭의 꽃이라 한다. 2장 G.R.O.U.P 프로세스에서 다룬 것처럼 리비짓을 통해 과제의 중요성을 일깨우고, 학습을 심화하고 실행력을 더 높일수 있다. 첫 세션을 제외하고 모든 코칭세션에서 리비짓을 한다. 그리팅스를 마치면서 코치가 묻는다.

"지난 과제가 무엇이었나요? 공동의 과제는 무엇이었고, 각자의 과제는 무엇이었나요?"

"무엇을 실천했나요? 실천을 통해 느낀 것은 무엇인가요? 앞으로 어떻게 하고 싶은가요?"

간단하지만 강력한 질문이다. 자신의 실행 내용을 이야기 하면서 다른 사람들에게 지혜를 나누는 효과도 있고, 다른 사람의 이야기를 들으면서 성찰이 일어나기도 한다. 리비짓을 제대로 이해하기 위해 다음 그림을 살펴보자.

코칭을 통한 성취가 이루어지는 과정

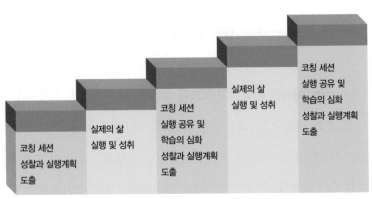

그림에서 보는 것처럼 코칭을 통한 성취는 코칭세션을 통해 실행계획을 수립하고, 실제 삶에서 실천하는 과정을 통해 이루어진다. 그리고 리비짓 단계에서 실천내용의 공유를 통해 심화학습이 일어나고 새로운 성찰이 일어난다. 리비짓은 코칭세션과 실제 삶을 이어주는 중요한 연결고리다. 코칭의 성취는 리비짓이라는 연결고리를 통해 극대화된다. 그러므로 리비짓이 그룹코칭에서 제일 중요한 단계라 해도 과언이 아니라고 하는 것이다.

Objective : 초점을 명확하게 한다.

그룹코칭은 첫 세션에서 합의한 코칭목표와 코칭주제를 지속적으로 연결하면서 한 단계씩 성취해 나가는 과정이다. 리비짓이 끝나고 나면 이번 세션에서 다룰 주제로 넘어간다. 오브젝티브에선 리비짓 단계에서 다루었던 내용을 정리하고, 해당 세션에서 다룰 주제를 확인하고 초점을 맞추는 작업을 함으로써 관점을 전환하는 것이다. 이를 통해 해당 세션의 코칭주제를 재확인하며, 코칭의 초점을 더욱 분명하게 한다. 이 과정에선 예정된 주제가 그대로 채택되기도 하고, 새로운 주제가 채택되기도 한다. 코칭을 진행하면서 목표가 더 업그레이드되기도 하고, 무리한 목표였다는 게 드러나기도 함으로써 방향을 조정하기도 한다.

"오늘의 코칭주제가 무엇인가요?"

"경청을 잘하는 방법입니다."

"혹시, 이 주제 말고 오늘 다루고 싶은 다른 주제가 있으신가요?"

"예. 알겠습니다. 다른 특별한 사안이 없군요. 그럼 오늘은 이 주제에 대해 다루도록 하겠습니다."

해당 세션에서 다룰 주제가 이미 정해져 있는데도 긴급하게 다루고 싶은 다른 주제가 있는지 확인하는 이유는, 간혹 이미 정해져 있는 주제보다 더 긴급하게 다루어야 할 주제가 생기는 경우도 있기 때문이다. 그럴 땐 예정되지 않았던 주제라 할지라도 긴급하게 발생한 주제를 먼저 다루는 게 참가자들에게 실질적인 도움이 된다.

Understanding : 집단지성을 이끌어낸다.

오브젝티브가 코칭주제를 합의하는 단계라면 언더스탠딩은 합의한 코칭주제에 대해 집단지성을 이끌어내는 단계다. 언더스탠딩은 코칭주제에 대해 본질적으로 이해하고, 다양한 관점에서 이해함으로써 보다 나은 해결책을 찾는 단계다. 이 단계에선 코칭주제에 대해 그런 현상이 발생한 원인을 살펴보고, 그로 인해 어떤 문제가 발생하고 있는지, 어떻게 해결하고 싶은지, 어떤 방법으로 해결할 수 있는지 등에 대해 참가자들의 다양한 의견을 이끌어낸다. 이 과정에서 혼자 생각했을 때 알지 못했던 측면을 알게 되기도 하고, 다양한 관점에서 문제를 바라봄으로써 보다 나은 해결책을 찾아낸다. 이런 과정을 일컬어 집단지성을 이끌어내는 것이라 한다. 언더스탠딩 단계에선 GROW 모델을 사용한다.

- Goal(목표 설정) : 목표가 무엇인가? 어떻게 되고 싶은가? 그렇게 되면 어떤 점이 좋은가?
- Reality(현실 확인) : 현재 상태는 어떤가? 어떤 애로사항이 있는가?
- Option(대안 탐색) : 어떤 해결 방안이 있겠는가? 더 시도해 보고 싶은 것은 무엇인가? 또 다른 것은?
- Will(실행 의지) : 구체적으로 무엇을 실천하겠는가? 언제까지 하겠는가? 실행을 잘하고 있다는 것을 어떻게 알 수 있는가? 어떻게 측정하겠는가?

다음 장의 실전 코칭 사례에서 GROW 모델을 활용하여 언더스탠딩 단계를 진행하는 예시를 자세하게 살펴보기로 한다.

Planning : 실행계획 수립하기

플래닝Planning 단계에선 언더스탠딩 단계에서 살펴본 여러 아이디어에 대해 실제로 실천할 것을 선정한다. 실행계획을 수립하고, 실행의지를 높이는 단계다. 앞에서 설명한 '배성실' 도구를 사용한다.

- 배운 것 : 오늘 코칭을 통해 무엇을 배웠는가?

- 성찰한 것 : 오늘 코칭을 통해 어떤 성찰이 있었는가?
- 실천할 것 : 앞으로 무엇을 실천하겠는가?

해당 세션에서 배운 것, 성찰한 것, 실천할 것에 대해 개인적으로 작성하고 난 후에 참가자들끼리 공유하게 한다.

중간 세션은 코칭의 성취를 이루어나가는 과정의 연속이다. 참가자들이 효과적으로 성취를 이룰 수 있도록 매 중간 세션에서는 다음 사항이 다루어져야 한다.

- 실행 공유를 통한 심화 학습
- 집단지성을 이끌어내고 시너지를 내기
- 실행하고 성취하게 하기
- 기대와 격려 표현하기

이상에서 살펴본 것처럼 중간 세션은 G.R.O.U.P의 순서대로 진행한다. 그러나 각 단계는 기계적으로 진행되는 게 아니라 핵심가치가 녹아 있어야 하고, 핵심역량도 제대로 발휘되어야 한다. GCE 모델을 다시 한 번 살펴보자.

GCE 모델은 핵심가치와 핵심역량이 원의 핵심에 자리 잡고 있고, 핵심요소가 원을 크게 둘러싸고 있다. 그리고 G.R.O.U.P가 원

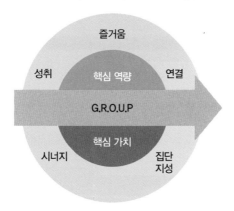

GCE(Group Coaching Essentials) 모델

을 관통해서 흐르고 있다. 이들은 각자 홀로 작용하는 게 아니라 함께 작동하는 구조를 가지고 있다. 마치 우리 몸에 수많은 세포가 있지만 하나의 세포 속에 몸 전체의 유전자 정보가 모두 포함되어 있는 것과 같다. '하나 속에 전체가 있고, 전체 속에 또 하나가 있다.' 이 말의 의미는 기계적인 순서대로 프로세스를 진행 하는 게 아니라 각 단계마다 핵심가치가 내재되어 있어야 하고, 핵심역량 이 갖춰져야 하며, 핵심요소가 드러나야 한다는 뜻이다. 그래서 우리는 코칭의 모든 과정 속에 '존. 이. 공. 탁'이 있고, '존. 이. 공. 탁' 속에 모든 코칭이 있다고 생각한다. 그룹코칭의 모든 과정은 '존. 이. 공. 탁'이 씨앗이 되고 '존. 이. 공. 탁'이 열매를 맺는 과정이다. 묻는다. 코치로서 '씨앗 속에서 열매를 볼 수 있는가?'

마무리 세션 설계하기

마무리 세션은 그룹코칭의 여정을 끝내면서 그 동안의 과정 및 결과를 총정리하고 앞으로 지속적인 실행과 성취를 다짐하기 위해 서로 축하하고 격려하는 자리다. 다음은 마무리 세션에서 다루어야 할 중요한 요소들이다.

- 전체 세션을 총정리한다.
- 지속적인 실행과 성취를 다짐한다.
- 상호 축하한다.

마무리 세션을 시작할 때, 그동안 참가자들이 서로에게 보여준

노력과 헌신에 감사하는 마음으로 서로 칭찬하는 시간을 가진다.

칭찬카드 사용하기

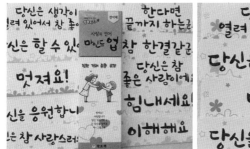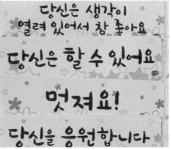

〈도구 출처 : 학토재〉

① 칭찬이 적혀 있는 카드(마인드 업 카드)를 제공한다.

② 참가자들의 순서를 정한다.

③ 첫 번째 사람에게 나머지 사람들은 칭찬해 주고 싶은 카드를 2장씩 고른다.

④ 고른 카드를 큰 소리로 읽고 전해준다.

⑤ 칭찬 카드를 받은 사람은 휴대폰으로 받은 카드를 찍는다.

⑥ 같은 방식으로 순서대로 실시한다.

이 활동은 에너지가 매우 높아지는 효과가 있다. 칭찬 카드 대신 롤링페이퍼를 작성할 수도 있다.

롤링페이퍼 작성하기

① 참가자들은 A4 용지 오른쪽 상단에 자신의 이름을 쓴다.

② A4 용지를 오른쪽으로 돌리면서 이름이 적혀 있는 사람에 대해, 그동안 그룹코칭을 통해 느꼈던 감사의 말과 칭찬하고 축하하는 말을 적는다.

③ 한 사람에 대해 다른 사람들이 모두 적고 난 후에, 그 사람의 오른쪽에 있는 사람이 A4 용지에 적힌 내용을 큰 소리로 읽고 A4 용지를 그 사람에게 전해준다.

④ 같은 방식으로 순서대로 실시한다.

롤링 페이퍼를 작성하는 건 칭찬의 깊이를 더해 주는 장점이 있지만 시간이 다소 많이 걸릴 수도 있다. 시간 상황 등을 고려하여 칭찬 훈장을 붙여주기도 한다.

칭찬 훈장 붙여주기

① 참가자들 각자에게 참가자 숫자만큼 포스트잇을 나누어준다. (참가자들이 6명이라면 참가자 각자에게 6장씩 나누어 준다.)

② 참가자들은 포스트잇에 다른 참가자들에 대한 칭찬을 적는다.

③ 칭찬을 적은 포스트잇을 훈장처럼 붙여준다.

이 활동을 통해 에너지가 높아지고 축제 분위기가 만들어진다. 이 세 가지 활동 중에서 상황에 맞는 것을 선택적으로 활용한다.

칭찬 카드와 롤링페이퍼, 칭찬 훈장 등을 통해 상호 축하하고 감사하는 시간을 가지고 난 후엔 '배성실' 용지를 작성한다.

① '배움, 성찰, 실천'이 적힌 용지를 나눠준다.

배움, 성찰, 실천	
Key Learning (무엇을 배웠습니까?)	
Reflection (어떤 성찰이 있었습니까?)	
Action Plan (무엇을 실천하겠습니까?)	

② 각자 해당되는 내용을 적는다.

③ 적은 내용을 공유하고, 서로에게 지지와 격려를 보낸다.

이 활동은 그동안의 코칭을 총정리하면서 각자의 성찰을 공유하여 배움을 확장하는 게 목적이다.

배성실을 통해 코칭을 총정리하고 난 후에는, 코칭이 종료되고 난 후에도 지속적으로 실천할 수 있도록 도움을 주는 구조물을 공유한다.

구조물 Structure 만들기

① 마지막 세션 전에 실천 구조물의 의미를 설명하고 마지막 세션에 참석할 때 자신의 실천 구조물을 가져올 것을 요청한다. 실천 구조물이란 그 물건을 보면 자신의 실행계획이 리마인드 되고 실행의지를 높여주는 물건 또는

상징을 말한다.

② 자신의 실행계획과 구조물의 의미를 발표한다.

부하 직원에게 보고를 받을 때 모래시계를 뒤집어 놓고, 모래가 다 떨어지는 데 걸리는 3분 동안 중간에 말을 끊지 않고 끝까지 듣겠다는 의미로 모래시계를 가져온 사람이 있었다. 또 어떤 사람은 엉켜있는 머리카락을 빗듯이 팀원들의 갈등해결사 역할을 하겠다는 의미로 참빗을 가져왔다. 또 다른 사람은 팔찌를 끼고 있다가 불평하는 자신을 발견할 때마다 팔찌를 만지겠다는 의미로 팔찌를 가져왔다. 이렇게 자신의 실행계획을 일상에서 떠올리게 하고 실행을 강화해 주는 게 실천 구조물이다.

GROUP
COACHING

부록

[부록1] 자주 묻는 질문들

Q1. 그룹코칭과 일대일 코칭은 무엇이 다른가?

한 명의 코치와 한 명의 고객이 코칭을 진행하는 걸 일대일 코칭이라 하고, 한 명의 코치와 여러 명의 고객이 함께 코칭을 진행하는 것을 그룹코칭이라 한다. 여러 명의 참가자들이 그룹을 이루어 코칭을 진행한다는 점에 초점을 맞추어 부르는 이름이다. 그러면 그룹코칭과 일대일 코칭은 어떤 점이 다른가?

첫째, 다양한 아이디어를 도출할 수 있다.

일대일 코칭에선 한 명의 코치와 한 명의 고객이 코칭주제에 대해 브레인스토밍하고 해결 방안을 도출한다. 반면에 그룹코칭에선 한 명의 코치와 여러 명의 참가자들이 브레인스토밍하기 때문에 상대적으로 다양한 아이디어가 나온다. 한 명의 이야기를 듣고 다른 한 명이 거기에 반응하면서 새로운 아이디어가 생기기도 한다. 여러 사람의 시각으로 해당 주제를 바라보기 때문에 일대일 코칭에 비해 다양한 아이디어를 도출할 수 있다.

둘째, 시너지가 생기고 집단지성이 발현된다.

집단지성Collective Intelligence은 '다수의 개체들이 서로 협력하거나 경쟁을 통해 얻게 된 집단의 지적 능력'을 말한다. 미국의 곤충학자 윌리엄 모턴 휠러William Morton Wheeler가 개미들의 행동을 연구 관찰한 후에 정립한 개념이다. 박테리아, 곤충, 동물, 사람 등 미미한 개체들도 모이면 개별 개체의 능력의 범위를 넘어선 힘을 발휘할 수 있고, 다양성과 독립성을 발현할 수 있어서, 집단의 통합된 지성은 소수의 우수한 개체나 전문가의 능력보다 올바른 결론을 낼 수 있다는 이론이다. 개인은 그 자체로는 미미할지라도 다양한 개인들의 지식과 창의력이 모이면 더 큰 성과를 낼 수 있다는 것이다. 집단지성의 개념은 그룹코칭의 중요한 이론적 근거이다. 그룹코칭에 참가하는 사람들의 역동은 다음과 같은 효과를 만들어낸다.

- 참가자들 개개인이 가진 지식과 경험을 공유하여 시너지를 낸다.
- 그룹코칭을 통해 실제적인 해결 방안을 만들어 낼 수도 있고, 이 과정에서 참가자들의 문제 해결 역량이 향상되기도 한다.
- 참가자들끼리 상호 학습이 일어나고 그룹 전체의 학습 수준이 올라간다.
- 참가자 상호 간의 피드백은 개개인을 성장시키는 강력한

도구가 된다. 참가자들은 그룹 내에서 자신의 실행계획을 공표하고, 결과를 공유함으로써 책임의식이 높아지고 실행력이 강화된다.

그룹 토의를 통해 서로 다른 관점을 이해하는 경험이 축적되면서 참가자들 사이의 상호작용이 촉진되고 공감대가 형성된다. 조직 내 갈등 상황에 대해 참가자들은 서로 더 잘 이해할 수 있게 되고, 코칭 과정에서 서로에 대한 존중과 공감을 통해 자신감과 에너지를 얻는다. 또한 새로운 형태의 커뮤니케이션을 경험함으로써 조직 내 공통의 언어와 긍정적인 프레임이 형성되기도 한다. 이는 바람직한 조직 문화 구축에 도움이 된다.

셋째, 실행력이 높아진다.

일대일 코칭에 비해 그룹코칭은 실행력이 높다. 일대일 코칭에선 실행계획에 대한 약속이 고객과 코치 두 사람 사이에서만 이루어지지만, 그룹코칭에선 참가자는 그룹 전체에게 실행을 공표하고, 다음 세션에서 실행 여부를 공유한다. 전체에 대한 실행 약속 공표와 실행 내용의 공유는 책임감을 강화해 주는 효과가 있다. 그리고 다른 사람이 실행한 내용을 들으면서 동기부여 되기도 한다. 이 점이 바로 참가자들의 실행력을 강화하는 요인이 된다.

다음은 그룹코칭 참가자들이 말하는 그룹코칭 소감이다.

- 동료에 대해 더 잘 이해하게 됐다. 나 혼자만 어려운 줄 알았는데 다른 사람들도 어렵다는 걸 알았다. 동병상련을 느꼈고 마음의 위로가 됐다.
- 소통을 많이 했다. 소통을 통해 부서 이기주의에서 벗어나 서로 돕는 분위기가 만들어졌다. 비록 다른 부서에서 일하고 있지만 우리는 모두 같은 조직의 목표를 위해 함께 일하고 있다는 일체감을 느꼈다.
- 다른 사람들의 이야기를 들으면서 많이 배웠다. 다른 사람들의 다양한 아이디어를 통해 문제 해결능력을 키울 수 있었고, 상호 협력하는 분위기가 만들어졌다.
- 그룹코칭을 통해 학습하는 조직 문화가 만들어지고, 조직문화가 한 방향으로 정렬되는 걸 느꼈다.
- 스스로 책임지려 하고, 서로의 생각을 존중하는 과정을 통해 집단지성을 발휘할 수 있었고, 이를 통해 시너지를 낼 수 있었다.

이렇게 구성원들이 서로 원활한 네트워크를 형성한 것만으로도 조직에 긍정적인 변화를 가져올 수 있다. 그룹코칭을 통해 만들어진 아이디어는 자신들이 만든 것이기 때문에 이에 대한 책임감이 생기고 실행력이 더욱 강화된다. 이를 통해 실질적인 변화를 이끌어낸다. 이게 그룹코칭을 선택하는 중요한 이유다.

이상의 내용이 일대일 코칭과 비교할 때 그룹코칭에서 기대되는 장점이다. 반면에 그룹코칭은 다음과 같은 이슈가 발생할 수 있다.

첫째, 코칭주제 선정의 이슈가 발생한다.

코칭에서 다룰 주제는 코치와 고객이 합의한다. 일대일 코칭은 고객이 한 명이기 때문에 고객의 의사를 그대로 반영하면 된다. 반면에 그룹코칭은 여러 명이 참여하기 때문에 코칭에서 다루고 싶은 주제에 대한 의견이 서로 다를 수 있다. 어떤 참가자에겐 중요한 내용이지만 다른 참가자에겐 관심이 없는 주제가 선정될 수도 있다. 이렇게 되면 코칭에 참가하는 전체 구성원의 몰입을 기대하긴 어렵다. 그러므로 그룹코칭이 성공하기 위해선 참가자 모두에게 적합한 공동의 코칭주제를 선정하는 게 첫 번째 관건이다. 참가자 모두에게 적합한 코칭주제를 잘 이끌어내는 게 그룹코치에게 요구되는 역량이다.

둘째, 시간 효율의 이슈가 있다.

그룹코칭에선 시간 효율의 이슈가 발생한다. 일대일 코칭은 코칭 시간 전체를 통해 코치가 온전히 한 명의 고객에게 집중하지만, 그룹코칭은 일정한 시간을 참가자들이 나눠 써야 한다. 쉽게 말하면 그룹코칭은 코칭 시간 전체를 참가자 숫자로 나눈 시간만큼 자신에게 할애된다. (자신이 사용할 수 있는 시간 = 코칭 시간 ÷ 참가자 수)

만약, 특정 참가자가 이야기를 독점하거나 주제에서 벗어난 이야기를 할 경우, 시간의 비효율이 발생하게 되어 그룹코칭의 효과가 현저하게 떨어진다. 그러므로 코칭주제의 초점을 유지하면서 시간을 효율적으로 관리해야 하는 이슈가 있다.

셋째, 비밀 보장의 이슈가 있다

일대일 코칭과 달리 그룹코칭에선 비밀 보장의 이슈가 발생할 수 있다. 그룹코칭에서 다루어진 내용이 다른 사람들에게 공개된다면 참가자들의 솔직한 이야기를 끌어내기 어렵고, 윤리적인 문제가 생길 수도 있다. 그러므로 코치는 비밀 유지에 대한 참가자들의 동의를 이끌어내야 한다. 조직이 코칭을 의뢰한 경우, 일반적으로 다음과 같은 내용이 기록된 코칭일지를 요구한다.

- 코칭일시 및 장소
- 참석자 명단
- 해당 코칭 세션의 주제
- 코칭에서 다루어진 내용
- 실천하기로 한 것
- 코칭을 통해 배운 것, 성찰한 것에 대한 소감

코칭일지는 코치가 작성하는 경우도 있고, 참가자들이 번갈아가면서 작성하는 경우도 있다. 두 가지 방법은 서로 장단점이 있다. 참가자들이 역할을 바꾸어가면서 코칭일지를 작성할 땐 비밀 보장에 대한 염려가 비교적 적다. 반면에 일지를 작성하는 사람은 해당 세션의 코칭에 몰입하기 어렵다. 코치가 일지를 작성하는 경우엔 모든 참가자가 자신의 역할에 몰입할 수 있는 반면 비밀 보장에 대한 염려가 있을 수 있다.

보통의 경우 첫 번째 세션의 일지를 코치가 작성해서 참가자들에게 공유하고, 그걸 샘플로 해서, 두 번째 세션부터는 참가자들이 번갈아가면서 일지를 작성하는 방법을 택한다. 물론 코치가 모든 세션의 일지를 작성하는 경우도 있다. 어떤 방법을 택할지는 참가자들과 코치가 협의해서 결정한다.

Q2. 어떤 경우에 그룹코칭을 선택하는가?

그룹코칭은 여러 명의 참가자가 동시에 참여하기 때문에 일대일 코칭에 비해 자신에게 할당된 시간이 부족하고, 개인적인 이야기를 꺼내기가 어려운 측면이 있다. 그래서 참가자들은 자신만을 위한 코칭이 아니라고 생각할 수도 있다. 그럼에도 불구하고 왜 그룹코칭을 선택하는가? 조직에서는 대체로 다음과 같은 이유로 그룹코칭을 선택한다.

첫째, 조직을 한 방향으로 정렬하고자 할 때

조직에 중대한 변화가 있을 때 조직 구성원들 사이에 공감대를 형성하고 이해의 폭을 넓히기 위해 그룹코칭을 선택한다. 조직의 새로운 비전을 선포할 때, 새로운 조직 문화를 구축하려고 할 때 등이 해당한다.

둘째, 해결해야 할 공동의 목표가 있을 때

그룹코칭은 참가자들의 의견 교환 과정을 통해 중요한 문제를 확인하고 해결책을 도출하는 문제해결 과정 그 자체다. 조직의 큰 이슈가 있을 때 이 과정에 참가한 모든 참가자들이 직접 해결책을 제시하고 이에 대한 책임을 공유함으로써 실행력을 높이기 위해 그룹코칭을 선택한다.

셋째, 상호협력과 학습이 필요할 때

특정 현안에 대해, 최선의 해결책을 찾기 위한 다양한 아이디어가 필요할 때도 그룹코칭을 선택한다. 조직 구성원들이 다양한 관점에서 해결책을 모색하는 과정을 통해 집단의 동질성을 확인하기도 하고 집단지성이 발휘되기도 한다. 그 과정에서 상호협력과 학습이 일어난다.

넷째, 조직 구성원 간의 소통을 활성화하고자 할 때

친밀감을 가질 기회가 없었거나 상대방 업무에 대한 정보가 부족했던 다른 부서의 사람들끼리 그룹코칭을 하게 될 경우, 참가자들은 그룹코칭을 통해 서로에 대해 알 수 있게 된다. 이 과정에서 같은 조직의 구성원이라는 동료의식을 느끼기도 한다. 서로의 업무에 대한 이해의 폭이 넓어지고 부서 이기주의를 벗어나 부서 간의 협력이 촉진되기도 한다. 이처럼 조직의 소통을 원활하게 할 목적으로 그룹코칭을 선택하기도 한다.

다섯째, 코칭 비용을 절감하고자 할 때

때론 비용 문제로 그룹코칭을 선택하기도 한다. 일대일 코칭을 진행하기엔 코칭 대상자가 많을 때, 4~5명 단위의 그룹을 만들어 비용을 절감할 목적으로 그룹코칭을 진행하기도 한다. 비용이 그룹코칭을 선택하는 주요한 이유 중 하나가 된다.

6명을 대상으로 그룹코칭을 6회 진행할 때의 비용과 6명을 대상으로 일대일 코칭을 6회 진행할 때의 비용을 비교해 보면 다음과 같다.

(일대일 코칭료)

1인당 코칭료 : 회당 코칭료 100만원 x 6회 = 600만원

6명 코칭료 합계 : 1인 코칭료 600만원 x 6명 = 3,600만원

(그룹코칭 코칭료)

회당 코칭료(2시간 기준) 200만원 x 6회 = 1,200만원

일대일 코칭은 3,600만원의 비용이 발생하고, 그룹코칭은 1,200만원의 비용이 발생한다. 효과 측면을 고려할 때, 단순 비교는 어렵지만 비용 측면에선 그룹코칭이 비용 절감 효과가 있다. 현실적으로 비용 절감을 목적으로 그룹코칭을 선택하는 경우도 있다.

그러나 오직 비용 때문에 그룹코칭을 선택하는 건 바람직하지 않다. 왜냐하면 그룹코칭과 일대일 코칭은 목적도 다르고, 진행하는 방법도 다르며 기대 효과도 다르기 때문이다. 코칭을 진행하는 목적과 기대 효과에 대해 면밀하게 분석하고 난 후, 어떤 코칭을 선택할 것인지 결정해야 할 것이다.

다음은 전문코치로서 각 조직을 대상으로 그룹코칭을 진행했던 사례다.

1) 임원 승진자 10명을 대상으로, 임원의 역할을 빠른 시간 내에 성공적으로 수행하게 할 목적으로, 회차당 2시간씩 6회의 그룹코칭을 실시했다.
2) 부장급 팀장들 중에서 핵심인재로 선발된 사람들 20명을 대상으로, 3개의 그룹으로 나누어 다음 단계의 리더십을 준비

하기 위해, 회차당 2시간씩 6회의 그룹코칭을 실시했다.

3) 조직에 코칭 문화를 확산하기 위해, 팀장들 20명을 대상으로, 3개의 그룹으로 나누어 코칭을 잘하는 방법을 주제로, 회차당 2시간씩 6회의 그룹코칭을 실시했다.

4) 효과적으로 회의를 진행하는 방법에 대해, 5개 팀을 대상으로, 팀당 7~8명의 인원을 대상으로, 회차당 2시간씩 6회의 그룹코칭을 실시했다.

5) 팀워크 활성화를 위해, 5개 팀을 대상으로, 팀당 7~8명의 인원을 대상으로, 회차당 2시간씩 6회의 그룹코칭을 실시했다.

6) 조직 소통을 원활하게 할 목적으로, 팀장들 20명을 대상으로, 3개의 그룹으로 나누어 코칭을 잘하는 방법을 주제로, 회차당 2시간씩 6회의 그룹코칭을 실시했다.

7) 구성원들을 동기부여 하는 방법을 익히기 위해, 팀장들 20명을 대상으로, 3개의 그룹으로 나누어, 구성원을 동기부여 하는 방법을 주제로, 회차당 2시간씩 6회의 그룹코칭을 실시했다.

8) 리더십 관련 워크숍을 진행하고 난 후, 배움을 확장하고 실행력을 강화할 목적으로, 20명의 팀장을 3그룹으로 나누어, 회차당 2시간씩 6회의 그룹코칭을 실시했다. 그룹코칭을 통해 다음과 같은 내용을 다루었다.

   • 워크숍에서 배운 내용 중에서 무엇을 실천했는가?

- 실천을 통해 어떤 점을 배웠는가?

- 어떤 점이 좋았는가?

- 실천하는데 어떤 어려움이 있었는가?

- 그 어려움을 어떻게 극복했는가?

- 앞으로 무엇을 더 실천하겠는가?

워크숍에서 배운 내용에 대해 이런 방식으로 그룹코칭을 진행하는 건 매우 효과가 크다. 많은 조직에서 워크숍을 마친 후 워크숍 효과를 극대화하기 위해 그룹코칭을 진행하고 있다.

그룹코칭은 참가자들이 다양한 아이디어를 내고 이를 발전시키는 과정에서 집단지성을 발현하고 시너지를 낸다. 그리고 보다 나은 성취를 이룬다. 혼자서도 잘하지만 함께 하면 더 잘하는 조직이 되는 방법을 터득한다. '우리'는 '나'보다 강하다는 말이 있다. '우리' 속에는 '내'가 포함되어 있기 때문이다. 이를 실현하고자 하는 것이 그룹코칭을 선택하는 이유다.

이상에서 설명한 일대일 코칭과 그룹코칭의 장단점은 [표]일대일-코칭과 그룹코칭의 비교로 요약할 수 있다.

일대일코칭과 그룹코칭의 비교

구분	일대일 코칭	그룹코칭
장점	• 개인에게 적합한 주제 다룰 수 있다 • 주제에 대한 깊이 있는 탐색이 가능하다 • 개인의 성장에 초점을 맞출 수 있다 • 철저한 비밀보장이 된다	• 비용 절감이 가능하다 • 다양한 아이디어를 도출할 수 있다 • 상호학습이 가능하다 • 실행력이 높아진다 • 조직 내 커뮤니케이션이 원활해진다 • 상호 피드백이 가능하다
약점	• 그룹코칭에 비해 상대적으로 다양한 아이디어가 부족할 수 있다 • 그룹코칭에 비해 상대적으로 실행력이 떨어질 수 있다	• 개인의 주제를 다루기 어렵다 • 그룹원 전체의 참여가 어려울 수 있다 • 개인의 스타일에 따라 몰입이 어려운 사람이 있을 수 있다 • 시간 활용의 비효율이 발생할 수 있다 • 비밀 유지의 이슈가 발생할 수 있다

Q3. 그룹코칭과 팀코칭은 어떤 차이가 있는가?

그룹코칭과 팀코칭은 모두 한 명의 코치와 여러 명의 참가자들이 함께 그룹으로 코칭을 진행한다는 측면에서 공통점이 있다. 그러나 팀코칭은 조직 내 같은 팀에서 일하는 사람들이 함께 코칭을 진행하는 것이지만, 그룹코칭은 같은 팀원이 아닌 사람들이 그룹으로 함께 코칭을 진행한다는 측면에서 차이가 있다.

팀코칭

• (구성) 동일한 업무를 수행하는 팀 구성원들이 그룹으로 진행하는 코칭이다.

• (사례) 구매팀의 팀장과 팀원들을 대상으로 하는 팀코칭, 기획팀의 팀장

과 팀원들을 대상으로 하는 팀코칭, 영업팀의 팀장과 팀원들을 대상으로 하는 팀코칭 등이다.

그룹코칭

- (구성) 여러 명이 함께 그룹으로 코칭을 진행하지만, 이들은 같은 팀원은 아니다. 대부분 같은 직급의 다른 부서원으로 구성되는 경우가 많다.
- (사례) 구매팀장, 영업팀장, 기획팀장, 마케팅팀장, 재무팀장, 생산팀장 등 같은 조직의 팀장급으로 구성된 팀장 그룹코칭 등이다. 같은 조직의 다른 부서에서 근무하는 임원들로 구성된 임원 그룹코칭을 진행하기도 한다.

이상에서 살펴 본 바와 같이 팀코칭과 그룹코칭은 여러 명의 참가자들이 함께 코칭을 진행한다는 점에서 공통점이 있지만, 같은 팀에서 일하는지 아닌지에 따라 팀코칭과 그룹코칭으로 구분된다.

팀코칭은 팀 성과를 가속화하는 강력한 방법으로, 다음과 같이 팀 내의 이슈를 해결하고자 할 때 진행한다. 이때의 '팀'은 이미 구성되어 동일한 목적의 업무를 수행하고 있는 팀이거나, 단기적인 목적 업무 수행을 위해 만들어진 프로젝트 팀일 수도 있다.

주로 다음과 같은 경우에 팀코칭을 진행한다.
- 팀의 목적을 한 방향으로 정렬하고자 할 때

- 팀의 비전을 수립하고 공유하고자 할 때
- 팀 갈등을 해결하고자 할 때
- 팀워크를 개선하고자 할 때
- 팀 커뮤니케이션을 활성화하고자 할 때
- 기타 해결해야 할 팀 이슈가 있을 때

팀코칭은 그룹코칭의 한 종류이지만 같은 팀의 구성원인 경우엔 이해관계 및 역동이 복잡하다. 업무상 책임이나 일상을 공유하는 등 그룹코칭에 비해 변수가 다양하기 때문이다. 팀코칭을 진행할 경우 다음 사항에 대한 각별한 주의가 필요하다.

첫째, 의사소통이 어려울 수 있다

팀코칭은 팀장과 팀원, 그리고 팀 구성원들 사이의 직급과 역할, 관계에 따라 상하 관계가 있다. 따라서 자유롭게 의견을 개진할 수 없는 경직된 분위기가 될 수 있다. 코치는 이를 극복하고 개방적인 분위기에서 자유롭게 의사소통을 할 수 있는 환경을 만들어야 한다. 팀장이 포함된 팀코칭을 진행할 때 팀장이 이야기를 독점하는 경우, 팀원들은 팀장의 눈치를 보느라 말을 아끼고 의견을 말하는 걸 어려워할 수 있다. 이런 경우엔 코치는 팀장과 따로 만나 팀코칭 전반에 대해 이야기를 나누거나, 팀장에 대한 일대일 코칭을 병행함으로써 팀장의 욕구를 충족시켜 줄 필요가 있다. 이런 노력을 통해 팀장을 팀코칭의 중요한 협력자로 바꿀 수 있다.

팀에서 성과가 낮은 사람이 있을 경우, 의욕적으로 의견을 개진하는 걸 어려워할 수 있다. 자신에 대한 다른 팀원들의 시선을 부담스러워하게 되면 자유로운 의사소통은 어려워진다. 때론 참가자들의 이해관계가 대립되는 주제가 선정되기도 한다. 예를 들어, 팀 내 인사 평가가 공정하지 않다고 생각할 때, 공정하고 투명한 평가 제도를 확립하는 방안이 코칭주제가 될 수 있다. 이럴 땐 팀장이나 팀원들 사이에 갈등이 발생할 수도 있고, 자신이 비난 받는다는 부정적인 감정이 발생할 수도 있다. 팀코칭은 이런 이유 외에도 다양한 변수로 인해 의사소통의 장애가 발생할 수 있다. 팀코칭을 진행하는 코치는 이러한 변수들에 대해 항상 깨어있어야 하고, 특정한 변수가 발생할 경우 민감하게 대처할 수 있어야 한다.

팀장이 함께 참여했을 때 발생할 수 있는 의사소통의 어려움을 해소하기 위해, 드문 일이기는 하지만, 팀장을 제외하고 팀코칭을 진행하는 경우도 있다. 이런 경우 팀코칭의 효과가 현저히 낮아질 가능성이 있다. 팀원들끼리 결정한 내용에 대해 팀장이 반대하거나 거절할 수 있기 때문이다. 그렇게 되면 팀원들은 무기력해지고, 팀코칭에 대해 회의를 느끼게 된다. 빈대 잡으려고 하다가 초가삼간 태우는 격이다.

대개의 경우 팀장이 함께 참여해야 팀코칭의 효과가 높아진다. 팀코칭을 통해 팀장과 팀원들의 의사소통이 원활해질 수 있고, 서로에 대한 이해가 깊어질 수 있기 때문이다. 또한 팀코칭에서 결정한 사안에 대해 팀장의 적극적인 지지와 지원을 받을 수도 있다.

둘째, 실행방안에 대한 아이디어를 내는 것을 어려워할 수 있다

팀코칭에선 아이디어를 내는 것 자체를 부담스러워 할 수 있다. 자신이 낸 아이디어가 누군가에게 새로운 업무로 부여되기도 하고, 누군가는 개선해야 할 행동일 수도 있다. 자신이 낸 개선 방안이 팀 전체에 대해 업무 부담이 될 수도 있다. 이런 이해관계로 인해 도전적인 아이디어를 내기 어렵다. 코치는 팀코칭에선 이런 제약요인이 존재한다는 것을 인식하고 보다 창의적이고 도전적인 아이디어를 이끌어 낼 수 있는 방법을 강구해야 한다. 다음과 같이 질문할 수 있다.

"우리 팀에서 딱 한 가지만 개선해야 한다면 무엇일까요?"

"꼭 해야 하는데, 하지 않고 있는 것은 무엇입니까?"

"하지 않아야 하는데, 하고 있는 것은 무엇입니까?"

"우리가 지금보다 10배 더 용기가 있다면 무엇을 하겠습니까?"

코치는 상황에 맞는 강력한 질문을 할 수 있어야 하고, 팀원들의 아이디어를 실행으로 연결하는 역량을 갖추어야 한다.

셋째, 참가자들끼리 실시간으로 모니터링된다

그룹코칭은 코칭시간이 끝나면 참가자들은 각자 다른 공간으로

돌아가 독립적으로 생활한다. 즉, 코칭시간 내에서 약속한 실천계획에 대해, 어떻게 실천하고 있는지, 다음 코칭시간 때까지 서로 확인하기 어렵다. 그러나 팀코칭의 경우, 코칭 시간뿐만 아니라 나머지 시간도 계속적으로 함께 생활하기 때문에 참가자들끼리 실시간으로 모니터링된다. 따라서 코칭시간에 자신이 말하는 내용이 다른 사람들에 의해 모니터링되는 것에 대한 부담을 느낄 수 있다.

'저 사람은 자기가 말한 내용을 안 지키네.'

'자기는 제대로 실천하지도 않으면서 말만 번지르르하게 하는군.'

'내가 이 말을 하면 팀원들이 어떻게 생각할까?'

다음과 같은 긍정적인 측면도 있다.

'저 사람은 역시 자신이 한 말을 잘 지키는군.'

'저 사람은 업무뿐만 아니라 코칭에도 열정적으로 참여하는군.'

'저 사람이 낸 아이디어가 우리 팀 성과 향상에 결정적인 기여를 했네.'

이처럼 자신이 잘한 것에 대해 코칭시간뿐만 아니라 일상에서도 인정받을 수 있다. 팀코칭은 잘 진행될 경우에는 그룹코칭에 비해 더욱 구체적이고 현실적인 내용이 토의될 수 있지만, 그렇지 않은 경우엔 서로 눈치를 보기도 하고 실행이 전제돼야 하는 말은 하지 않을 수 있다.

Q4. 워크숍과 그룹코칭은 어떤 점이 다른가?

"그룹코칭과 워크숍이 뭐가 달라요? 그게 그거 같은데~"

그룹코칭 강의시간에 많이 받는 질문이다. 이 질문에 대답하는 건 쉽지 않다. 사람마다 각자 생각하는 '워크숍'의 정의와 '그룹코 칭'의 정의가 달라서 아무리 설명해도 자신의 정의에 근거해서 받 아들이기 때문이다. 사람들마다 워크숍에 대한 개념이 다양하다는 걸 다음 대화를 통해 알 수 있다.

"우리 팀 조직문화 진단 결과를 보니까 개선 방안이 필요합니다. 팀 워크숍을 통해 방법을 찾아봅시다."

"워크숍 좋습니다. 장소는 어디로 잡을까요? 동해 쪽 콘도로 알 아볼까요?", "콘도라니요? 워크숍이 무슨 M.T인줄 알아요?"

"워크숍이라고 해서 좀 편하고 즐겁게 보낼 줄 알았는데 하루 종일 강의만 듣다 왔네요. 워크숍이 원래 이렇게 피곤한 건가요?"

"워크숍, 이거 왜 하는 건가요? 딱히 가르쳐주는 것도 없이 하루 종일 답도 없는 토론만 죽자고 시키네요. 차라리 이럴 시간에 일을 하는 게 낫지 않나요?"

어떤 사람은 워크숍을 조직 활성화를 위한 친목 도모나 사기 진 작 활동으로 알고 있고, 어떤 사람은 토론 방식의 교육으로 생각한 다. 그룹코칭과 워크숍의 정확한 비교를 위해선 먼저 워크숍에 대 해 명확하게 정의할 필요가 있다.

한국기업교육학회에서는 워크숍을 다음과 같이 정의한다.

"워크숍이란 원래의 의미가 '일터, 작업장'이지만, 연수에 있어서는 수강자가 업무에 필요한 지식이나 기술을 실천적, 체험적으로 학습하여 구체적인 성과를 만들어가는 연수방식을 말한다. 워크숍이 일반적인 연수나 세미나와 다른 점은 실제 업무현장에서 직면하고 있는 주제를 정하는 것이며, 학습한 것을 실제 현장에서 실천하게 하는 것에 있다. (중략) 워크숍은 많은 경우에 단기성의 특정 교육을 통칭하기도 한다."

위의 내용에 따르면 워크숍은 '성과(문제해결, 실천 등)를 얻기 위한 참가자 중심의 체험 학습방식'이다.

그렇다면 일반적인 강의와 워크숍은 어떤 점이 다른가? 일반적으로 강의가 지식 전달을 위한 강사 중심의 티칭^{Teaching} 방식의 교육이라면, 워크숍은 상호작용을 통한 학습 참여자 중심의 교육이다. 따라서 강사의 역할이나 교육성과에 대한 기준이 다르다.

강의 중심의 교육과 워크숍 방식의 교육 비교

구분	강의 중심 교육	워크숍 방식 교육
교육 목적	지식 전달	문제해결, 행동변화
교육 주체	강사	학습자
프로세스	비구조화	구조화
상호작용	약함(강사-참여자)	강함(참여자-참여자)

이처럼 강의 중심의 교육과 워크숍 방식의 교육은 교육의 목적, 교육 주체, 교육 방법 등에서 확연한 차이가 있다.

반면에 워크숍은 그룹코칭과 다음과 같은 유사점이 있다.

• 문제 해결, 행동 변화를 이끌어낸다.

• 학습이 참가자 중심의 상호 작용을 통해 이루어진다.

• 효과적인 진행을 위해 참가자들의 의견을 묻고, 의견을 반영하여 결론을 도출한다.

이런 유사점으로 인해 사람들이 워크숍과 그룹코칭을 동일시하는 경향이 있다. 그러나 워크숍과 그룹코칭은 다음과 같은 차이점이 있다.

첫째, 목적과 초점이 다르다.

그룹코칭과 워크숍을 구분짓는 가장 명확한 기준은 '코칭'이다. 앞서 코칭은 '개인의 잠재력을 일깨워 훌륭한 성과를 내고, 나아가

균형 있고 가치 있는 삶을 살게 해주는 것'을 추구한다고 했다. 이를 확장한 개념이 그룹코칭이기 때문에 그룹코칭은 참가자들의 성장에 초점이 맞추어져 있다. 반면에 워크숍은 코칭이 아니다. 워크숍에서도 개인의 변화와 성취를 추구할 수는 있으나 이는 근본적인 목표는 아니며, 참가자 중심의 학습법을 통해 원하는 결과를 도출하고, 구체적인 실천 방법을 이끌어내는 게 중요한 목표가 된다.

그룹코칭의 목적과 초점

- 참가자들의 성장과 가능성에 초점을 맞춘다.
- 스스로 생각하고 실행을 이끌어 낼 수 있도록 돕는다.
- 참가자들의 성장 발전과 조직의 성과를 동시에 추구한다.

워크숍의 목적과 초점

- 특정 주제에 대한 해결 및 결과에 초점을 맞춘다.(What)
- 특정 결과를 얻는 방법을 터득한다.(How)

둘째, 학습 내용을 제시하는 주체가 다르다.

워크숍은 주제와 내용을 제시하는 주체가 명확하다. 대부분 교육 담당부서이거나 해당 이슈를 가지고 있는 팀이다. 반면에 그룹코칭은 담당부서에서 전체적인 목표는 제시하지만, 세부적인 주제나 다루어야 할 내용은 참가자들과의 협의를 통해 결정한다. 예를 들어 100명의 팀장을 대상으로 10개 그룹으로 나누어 리더십 역량 강화를 주제로 워크숍을 실시한다고 했을 때, 워크숍의 목표는 정해져 있으며 강사는 동일한 주제 전달과 원하는 결과 도출을 목표로 한다. 반면에 그룹코칭은 동일한 주제를 다루더라도 참가자들과 함께 리더십역량 강화를 위해 개인적으로 또는 그룹차원에서 해야 할 세부 목표를 자율적으로 정하기 때문에 10개 그룹에서 다루는 내용이 서로 달라질 수 있다.

셋째, 진행 방식이 다르다.

워크숍은 진행 방식이 구조화되어있다. 쉽게 말하면 목적지로 가기 위한 길이 정해져 있다. 참가자 중심으로 운영되더라도 제한된 시간 내에 결과를 도출해야 하므로 강사는 미리 계획된 절차에 따라 진행한다. 반면에 그룹코칭은 목적지로 가는 길이 정해져 있지 않다. 코칭은 스스로 방법을 찾아갈 수 있도록 지원하는 과정이기 때문에 코치가 임의로 정해 놓은 길로 가지 않는다. 그룹의 상황과 개인의 상황에 맞게 그들의 길을 갈 수 있도록 돕는다.

넷째, 진행 기간(반복성과 지속성 여부)**의 차이가 있다.**

그룹코칭은 일회성이 아니라 여러 차수를 통해 반복적으로 진행된다. 지난 회차의 그룹코칭에서 다룬 주제에 대해, 참가자들이 실천한 내용을 공유하고, 그 과정을 통해 학습을 심화한다. 반면에 워크숍은 일회성 교육으로 진행되는 경우가 많다. 따라서 복습을 통한 심화학습을 기대하기 어렵다. 물론 워크숍도 2회 이상 진행하는 경우도 있으나, 이는 워크숍 주제의 범위가 넓거나 추가적인 개선 작업이 필요한 경우로서 예외적이다.

이상에서 살펴본 내용을 다음의 표로 나타낼 수 있다.

그룹코칭과 워크숍의 비교

구분	그룹코칭	워크숍
목적과 초점	개인의 성장 가능성	결과(What) 방법(How)
주제 선정	참가자	주관부서 또는 강사
진행 방식	비구조화	구조화
기간	반복, 지속적	완결

Q5. 퍼실리테이션과 그룹코칭은 어떤 차이가 있는가?

워크숍과 그룹코칭을 유사한 것으로 생각하는 것을 넘어서 퍼실리테이션을 그룹코칭과 동일한 것으로 여기는 사람들도 있다. 퍼실리테이션과 그룹코칭이 직관적으로 유사한 점이 많기 때문일 것이다.

한국퍼실리테이션 협회는 퍼실리테이션을 다음과 같이 정의한다.

'퍼실리테이션은 그룹의 구성원들이 효과적인 기법과 절차에 따

라 적극적으로 참여하고, 상호작용을 촉진하여 목적을 달성하도록 돕는 활동이다.'

이를 풀어보면 다음과 같다.

효과적인 기법과 절차에 따라

적극적으로 참여하게 하고

상호작용을 촉진하여

목적을 달성하도록 돕는 활동

위의 정의에 따르면 퍼실리테이션은 활동과 방법의 측면에서 그룹코칭과 동일하다. 이 방식은 다음과 같은 다양한 영역에서 활용된다.

- 회의와 워크숍
- 갈등 해결과 팀 빌딩
- 강의
- 컨설팅

퍼실리테이션은 활동의 효율성과 민주적이고 합리적인 참여를 촉진하는 것에 초점을 맞춘다. 이런 측면에서 그룹코칭과 퍼실리테이션은 차이가 없다고 할 수 있다. 그렇다면 그룹코칭과 퍼실리테이션의 차이는 무엇일까? 브리튼^{Briton}은 그룹코칭과 퍼실리테이션의 차이에 대해 다음과 같이 설명한다.

그룹 과정의 연속선

그룹코칭   퍼실리테이션   훈련

이 연속선은 참가자가 그룹 과정에 얼마나 많이 참여하는지의 정도로 해석할 수 있다. 연속선상에서 가장 우측에 있는 훈련은 일반적으로 그룹에게 새로운 지식, 스킬, 능력에 관한 내용을 전달하기 위해 진행하며, 일반적으로 강사가 주도적으로 내용을 전달하는 형태로 진행된다. 전문가인 강사가 훈련의 목표를 참가자에게 전달하게 되며 안건도 강사가 미리 정한다. 반면에, 퍼실리테이션은 퍼실리테이터가 참여자들에게 단순히 지식이나 스킬을 전달하는 것이 아니라, 참가자들이 좀 더 참여하여 경험을 통해 학습하도록 진행하는 과정을 의미한다.

(탁진국, 코칭심리학)

이런 측면에서 퍼실리테이션과 그룹코칭을 동일하다고 주장하는 사람이 있다. 그러나 퍼실리테이션과 그룹코칭을 구분하는 분명한 지점이 있다. 철학의 차이다.

한국퍼실리테이션 협회가 말하는 퍼실리테이션의 철학은 다음과 같다.

- 사람은 기본적으로 현명하고, 올바른 일을 할 수 있으며, 또 그렇게 하고 싶어 한다.
- 사람들은 자신이 참여한 아이디어나 계획에 대해서는 더욱 헌신적으로 임한다.
- 사람들은 자신의 결정에 대해 책임이 부여되면 진정으로 책임감 있게 행동한다.
- 모든 사람의 의견은 지위, 계급 여하를 막론하고 똑같이 중요하다.
- 도구와 훈련이 주어진다면, 팀은 갈등을 스스로 해결하고 성숙한 행동을 하며 좋은 관계를 유지해 나갈 수 있다.
- 퍼실리테이션의 프로세스가 잘 설계되고, 계획대로 적용된다면 바라는 결과를 얻을 수 있다.
- 퍼실리테이션은 올바른 일 그 자체와 일하는 방식, 일을 통해 얻는 결과 등 모두 일과 관련된 것에 초점이 맞추어져 있다는 걸 알 수 있다.

반면에 한국코치협회는 코칭을 '개인과 조직의 잠재력을 극대화하여 최상의 가치를 실현할 수 있도록 돕는 수평적 파트너십'으로 정의한다. 그리고 고객 스스로가 사생활 및 직업 생활에 있어 그 누구보다도 잘 알고 있는 전문가임을 존중하며, 모든 사람은 창의적이고, 완전성을 추구하고자 하는 욕구가 있으며, 누구나 내면에 자신의 문제를 스스로 해결할 수 있는 자원을 가지고 있다고 믿는다.

국제코치연맹은 사람에 대해 다음과 같은 견해를 가지고 있다.

'모든 사람은 온전하고Holistic

해답을 내부에 가지고 있고resourceful

창의적인creative 존재이다'

퍼실리테이션과 그룹코칭은 일을 해결하는 방식과 활동 측면에서는 유사하지만, 그들의 철학이 어디를 향하고 있는지를 보면 분명한 차이를 알 수 있다. 퍼실리테이션이 일과 관련된 것들에 초점을 맞추고 있다면, 코칭은 일에 관련된 것에 초점을 맞추고 있을 뿐만 아니라, 일하는 사람 자체의 가능성과 성장에 더 큰 초점을 맞추고 있다.

[부록2] 그룹코칭 실전 사례

《○○○사 신임 팀장 그룹코칭 사례》

그룹코칭 개요

- 대상: 화장품 개발, 판매, 유통 회사의 신임 팀장 6명 (승진 3개월 차)
- 조직의 요청 주제: 신임 팀장의 리더십 역량 강화
- 방법: 대면, 회당 2.5시간, 격주, 총 5회
- 참고: 코칭에 대한 안내 및 사전 미팅 진행

첫 번째 세션

자기소개를 통한 기대감 조성하기

"안녕하세요?. ○○○ 코치입니다."

(코치에 대한 간단한 소개)

"팀장님들과 함께 그룹코칭을 진행하게 되어 반갑습니다. 지난 번 온라인 미팅을 통해 말씀드린 것처럼 지금부터 총 5회에 걸쳐 신임 팀장의 리더십 역량 강화를 주제로 그룹코칭을 진행하도록 하겠습니다. 그룹코칭을 시작하기에 앞서 앞으로 5회 동안 함께할 동료 팀장님들에 대해 서로 알아보는 시간을 잠시 가지도록 하겠습니다. 우리 팀장님들은 어떤 분일까요? 앞으로 많은 기대가 됩니다. 다음과 같은 방식으로 자기소개를 해주시기 바랍니다."

- 소속, 이름, 하는 일
- 팀장이 되고 나서 달라진 것들
- 자신의 리더십을 색깔로 표현해 본다면?
- 남들이 말하는 자신의 강점 3가지
- 요즘의 주요 관심사
- 이번 그룹코칭을 통해 얻고 싶은 것

(참가자들의 자기소개)

"간단하게 서로에 대해 알아보는 시간을 가졌습니다. 우리는 앞으로 5회의 시간을 통해 신임 팀장의 리더십 역량 강화를 주제로 그룹코칭을 진행할 것입니다. 그룹코칭을 통해 우리는 다양한 아이디어를 이끌어내고, 서로를 통해 배우게 될 것입니다. 그룹코칭이 보다 효과적으로 진행되기 위해선 우리들끼리 서로 배려하고 지켜야 할 약속이 있는데요. 이걸 그라운드 룰이라 부릅니다. 지금부터 그라운드 룰에 대해 살펴보겠습니다."

그라운드 룰 정하기

(다음과 같은 그림을 그린다.)

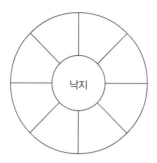

"팀장님들은 '낙지' 하면 뭐가 연상되나요?"

(참가자들이 불러주는 것들을 다음과 같이 원안에 받아 적는다.)

"이번에는 '낙지'를 '그라운드 룰'이라는 단어로 바꿔보겠습니다."

(추가로 바깥 원을 그린다)

"낙지에 대한 연상을 '그라운드 룰'에 연결시키면 뭐가 떠오르시

나요?"

- 참기름 → 논의가 술술 풀린다.

- 탕탕이 → 짧게 짧게 이야기 한다.

- 최민식 → 적극적으로 해야 된다.

- 무교동 → 강렬해야 된다.

- 덮밥 → 협력해야 한다.

- 콩나물 → 격려와 칭찬을 해준다.

- 어서와 한국은 처음이지

  → 다양성이 존중되어야 한다.

- 국물 → 목이 마를 때 축여준다. 휴식 시간.

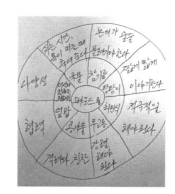

"이 결과물을 보면서, 우리가 코칭을 진행하는 동안 서로 지켜야 할 약속으로 연결해 보시겠습니까?"

(다음과 같은 내용이 도출되었다.)

- 코칭 중 핸드폰 사용하지 않기

- 지각하지 않기 결석하지 않기

- 다른 사람 말 끊지 않기

- 다양한 의견 존중하기

- 말하기를 주저하지 않기

- 일정 변경 사유가 발생한 경우, 일정 변경을 원하는 사람이 일정 조율 하기

"6가지 그라운드 룰이 만들어졌네요. '지각하지 않기, 결석하지 않기'와 '일정 변경을 원하는 사람이 일정 조율하기'가 인상적이네요. 그룹코칭에 빠지지 않겠다는 팀장님들의 열정이 느껴집니다. 여기에 제가 추가하고 싶은 게 있는데, 괜찮을까요?"

(다음 내용을 추가했다.)

- 우리 안에서 한 얘기는 우리끼리만 알기. 비밀 유지
- 누구도 틀리지 않다. 모든 의견 존중하기

"그라운드 룰이란 우리들이 코칭에 임하는 태도, 토의하는 방식, 윤리 등 우리들이 지켜야 할 약속입니다. 앞으로 코칭을 진행하면서 그라운드 룰을 잘 지켜서 서로 존중하고 배려하며 도움이 되는 시간이 됐으면 좋겠습니다."

코칭목표 설정하기

"회사에서는 '신임 팀장의 리더십 역량 강화'를 이번 그룹코칭의 목표로 제시했습니다. 여기에 대해 어떻게 생각하시는지요? 혹시 다른 주제를 다루고 싶은 게 있으면 말씀해주십시오."

(참가자들 모두가 신임 팀장이라 주제가 시의적절하고 도움이 되겠다는 의견으로 코칭목표는 회사에서 제시한 것으로 확정됐다.)

"팀장 리더십이라고 하면 많은 아이디어가 있을 텐데요. 먼저 '자신이 되고 싶은 팀장의 모습'을 잘 나타내는 사진을 각자 2장씩 골라보겠습니다."

(이미지 사진을 제공했다.)

"사진을 모두 고르셨네요. 그러면 이제, 사진을 선택한 이유와 자신이 되고 싶은 팀장의 모습을 연결해서 한 분씩 설명하도록 하겠습니다."

(다음과 같은 이야기가 나왔다.)

• 큰 형님처럼 믿고 따를 수 있는 팀장
• 성과를 잘 내는 팀장

- 즐겁게 일할 수 있는 분위기를 만들어 주는 팀장

- 팀원들이 성장할 수 있도록 도와주는 팀장

- 조직 관리를 잘하는 팀장

- 소통을 잘하는 팀장

"되고 싶은 팀장의 모습이 6개 나왔습니다. 오늘을 포함하여 앞으로 총 5번의 그룹코칭 세션을 가질 텐데, 어떤 걸 먼저 다루고 싶은지 팀장님들의 의견을 모아 보겠습니다. 포스트잇에 자신이 다루고 싶은 주제를 3개 적어보시기 바랍니다. 그 중에서 가장 많은 의견이 나온 3개를 먼저 다루고, 나중에 시간이 허락되면 나머지 것들도 다루도록 하겠습니다."

(투표 결과 다음 3개가 코칭주제로 선정되었다.)

- 즐겁게 일할 수 있는 분위기를 만들어 주는 팀장

- 팀원들이 성장할 수 있도록 도와주는 팀장

- 소통을 잘하는 팀장

"앞으로의 코칭 시간을 통해 이 3개의 주제를 다루도록 하겠습니다."

소감 공유 및 마무리

"오늘 우리는 자기소개를 했고, 그라운드 룰을 정했으며, 코칭목표를 확인했고, 그에 따른 코칭주제를 도출했습니다. 앞으로 남은 세션을 통해 코칭주제를 하나씩 다루도록 하겠습니다. 오늘은 이것으로 코칭을 마무리 하도록 하겠습니다."

"나누어 드린 '배성실' 양식을 각자 작성해 보시기 바랍니다."

'배성실' 양식	
배운 것	
성찰한 것	
실천할 것	

"모두 작성을 마치셨네요. 작성한 내용 중에서 성찰한 것에 대해 공유해 주시기 바랍니다."

(이런 내용이 나왔다.)

- 그룹코칭을 한다고 해서 딱딱한 내용일 거라고 생각했는데 즐거운 시간이었습니다.
- 코치님이 일방적으로 강의하지 않고, 우리들의 생각을 이끌어

내고 존중해주는 게 좋았습니다.

- 앞으로 코칭 시간이 기대됩니다. 좋은 팀장이 되는 방법에 대해 배울 수 있을 것 같은 기대가 생겼습니다.
- 배성실을 작성하면서 오늘 코칭 내용이 잘 정리되는 느낌입니다.
- 다른 팀장님들을 만나서 이야기 할 수 있었던 게 좋았습니다.
- 코칭이라고 해서 뭔가를 가르치는 것으로 생각했는데, 코칭은 가르치는 게 아니라 우리들이 생각할 수 있게 이끌어주는 거라는 생각이 들었습니다.

"감사합니다. 많은 성찰을 하셨네요."

"다음 2차 세션에선 '즐겁게 일할 수 있는 분위기를 만들어 주는 팀장'이라는 주제를 다루도록 하겠습니다. 관련하여, 팀장님들께 요청을 하나 드리겠습니다. 다음 세션에 참석하기 전까지 이 주제에 대한 팀원들의 생각을 알아오는 것입니다. 팀장님은 토론에 참석하지 마시고 팀원들끼리 토론하게 해주시기 바랍니다. 팀장님은 토론 결과만 알아오시면 되겠습니다."

"그룹코칭을 통해 우리 모두가 공동으로 실천할 내용을 'one thing'이라고 부르겠습니다. 다음 세션까지 우리의 'one thing'은 '즐겁게 일할 수 있는 분위기를 만들어 주는 팀장'이라는 주제에 대한 팀원들의 생각을 알아오는 것입니다."

・one thing : 즐겁게 일할 수 있는 분위기를 만들어 주는 팀장이라는 주제에 대한 팀원들의 생각을 알아오기

"수고 많으셨습니다. 다음 세션에서 뵙겠습니다."

두 번째 세션

Greetings : 친밀하고 안전한 공간 만들기

"반갑습니다. 그동안 잘 지내셨나요? 전원 참석해 주셔서 감사합니다. 오늘도 멋진 시간이 되기를 기대합니다. 오늘 참석하신 팀장님들에게 서로 감사의 박수를 보내주시기 바랍니다. 짝짝짝~"

"코칭을 시작하기에 앞서 잠시 머리를 식혀볼까요? 요즘의 자신에게 칭찬해 주고 싶은 게 무엇인가요? 포스트잇에 자신에게 칭찬해주고 싶은 걸 1개씩 적어보시기 바랍니다."

(참가자들이 작성하는 동안 기다린다.)

"모두 적으셨군요. 그럼 적은 내용을 공유해보겠습니다."

(이런 내용이 나왔다.)

・힘든 상황에서도 짜증을 내지 않은 자신에게 칭찬해

주고 싶다.

- 바쁜 일정에도 불구하고, 힘들어 하는 팀원의 애로사항을 들어주는 면담을 했던 자신을 칭찬해주고 싶다.
- 마감 시간에 쫓기는 상황에서도 팀원을 끝까지 기다려줬다. 몹시 힘들었지만 마감을 하고 나니 기분이 좋았다.
- 부정적인 태도로 일하는 팀원을 일방적으로 야단치지 않고, 팀원의 생각을 들으려고 노력했다.
- 성과가 저조한 팀원에 대해 무시하지 않으려 노력했다.
- 팀원들의 작은 행동도 찾아서 칭찬해 주려 노력했다.

"팀장님들의 이야기를 들어보니 좋은 팀장님들이 틀림없군요. 이렇게 노력하고 있는 동료 팀장님들에게 칭찬의 박수를 크게 쳐 주시기 바랍니다. 짝짝짝~"

Revisit : 실행을 공유하고 학습을 심화한다.

"지난 세션에 우리가 정했던 그라운드 룰을 함께 크게 읽어보겠습니다."

(참가자들이 큰 소리로 그라운드 룰을 읽는다.)

"감사합니다. 우리가 실천하기로 했던 'one thing'이 무엇이었나요?"

(참가자들의 반응을 차분하게 기다린다.)

"우리의 'one thing'은 '즐겁게 일할 수 있는 분위기를 만들어 주는 팀장'이라는 주제에 대한 팀원들의 생각을 알아오는 것이었습니다. 다음 방법으로 소감을 공유하도록 하겠습니다."

- 팀원들 이야기를 듣고 어떤 마음이 들었습니까?
- 팀장님의 생각과 어떤 점이 달랐나요?
- 이번 과제를 통해 무엇을 느끼셨나요?

"어느 팀장님부터 말씀해 주시겠습니까?"

(다음과 같은 내용이 나왔다.)

- 팀장이 생각하는 즐거운 분위기와 팀원들이 말하는 즐거운

분위기가 서로 다르다는 걸 알게 됐다. 많이 놀랐다.

- 팀원들은 깊이 생각하지 않는 걸로 알고 있었는데, 팀원들도 생각이 깊고 열정이 뛰어나다는 걸 알게 됐다. 앞으로 팀장 혼자서 의사결정하지 말고 팀원들과 상의를 해야겠다는 생각이 들었다.

"팀장님들의 솔직한 이야기에 감사드립니다. 팀원들의 생각이 팀장님들의 생각과 많이 다르다는 걸 확인하셨고, 팀원들도 자기들의 생각이 분명하게 있다는 걸 확인하셨군요. 감사합니다. 솔직하게 말씀해 주신 동료 팀장님들에게 서로 감사의 박수를 쳐주시기 바랍니다. 짝짝짝~"

Objective : 초점을 명확하게 한다.

"오늘 우리가 다룰 코칭주제는 '즐겁게 일할 수 있는 분위기를 만들어 주는 팀장 되기'입니다. 이에 대한 팀원들의 생각도 들어보고 오셨습니다. 오늘 이 주제가 아니라, 혹시 긴급하게 다루고 싶은 다른 주제가 있으신가요?"

(반응을 차분하게 기다린다.)

"예. 알겠습니다. 다른 특별한 사안이 없군요. 그럼 오늘은 이 주제에 대해 다루도록 하겠습니다."

Understanding : 집단지성을 이끌어낸다.

"오늘 코칭주제가 '즐겁게 일할 수 있는 분위기를 만들어 주는 팀장 되기'인데요. 이 주제에 대해 GROW 모델에 따라 살펴보겠습니다."

① Goal (목표) 확인하기

"팀장님들이 생각하는 '즐겁게 일할 수 있는 분위기를 만들어 주는 팀장'의 모습은 어떤 모습인가요?"

(다음과 같은 대답이 나왔다.)

- 평소에 팀원들을 관심 있게 관찰하고 애로사항을 잘 파악한다.
- 팀원들의 애로사항을 해결해 주기 위해 노력한다.
- 팀원들의 의견을 무시하지 않고 존중한다.
- 팀원들이 어려운 상황에 봉착해 있을 때 맥을 짚어준다.
- 팀원들의 작은 성취를 알아주고 칭찬해 준다.

- 비록 실수를 했을지라도 애초의 긍정적인 의도를 알아준다.

- 팀원들이 말할 때, 중간에 끊지 않고 끝까지 듣는다.

- 일방적으로 명령하지 않고, 팀원들의 의견을 먼저 물어보고 난 후에 지시한다.

"와우~ 팀장님들이 말하는 대로 실천하기만 한다면 팀원들은 정말 즐겁게 일할 수 있을 것 같네요."

② Reality(현재 상태) 확인하기

"그렇다면, 팀장님들은 현재 어떤 모습인가요?"

코칭 Tip

이 질문을 하는 이유는 목표와 현재의 갭을 분명하게 하기 위함이다. 좋지 않은 내용의 대답이 나올 걸 염려하여 이 질문을 하지 않으면, 구체적으로 무엇을 개선해야 하는지 알기 어렵다. 갭을 분명하게 해야 구체적으로 무엇을 해야 하는지 도출할 수 있다. 또한 현재 상태에 대해 질문하는 건 참가자들이 스스로를 돌아보고 성찰할 수 있는 기회를 제공하기도 한다.

(다음과 같은 대답이 나왔다.)

- 바쁘다는 핑계로 팀원들의 애로사항을 파악하는데 관심을 가지지 못하고 있다.

- 팀장의 생각에 반대 의견을 내는 팀원에 대해 불편하게 생각한다.
- 팀원들의 애로사항을 해결해 주지 못하고 있다.
- 팀원들을 칭찬하지 않는다. 칭찬에 인색하다.
- 팀원들이 실수를 하면 짜증을 낸다.
- 팀원들이 조리 있게 말하지 못하면 답답해서 중간에 말을 자른다.

"팀장님들의 솔직한 이야기에 감사드립니다. 그러면 지금부터 즐겁게 일할 수 있는 분위기를 만들어 주는 팀장이 되기 위해 어떻게 해야 하는지에 대해 함께 살펴보겠습니다."

③ Option(해결 방안) 찾기

"현재 상태에서 목표가 달성된 모습으로 가기 위해 무엇을 해야 할까요?"

"해보고 싶었지만, 여러 가지 사정으로 하지 못한 것이 있다면 무엇입니까?"

"마음대로 할 수 있다면 무엇을 하겠습니까?"

"이 질문들 중에서 각자 대답하고 싶은 질문들을 골라서 자유롭게 대답해 주시기 바랍니다. 3개 모두 대답해도 좋고, 1개만 대답해도 좋습니다."

(다음과 같은 대답이 나왔다.)

• 한 달에 한 번씩 회식을 한다. 회식 장소는 팀원들이 자율적으로 정하게 한다.

• 출근하는 순서대로 자기가 앉고 싶은 자리에 마음대로 앉게 한다.

• 팀의 중요한 의사결정은 팀원들과 다수결로 결정한다. 의

견 일치가 되지 않을 때는 막내 팀원에게 결정권한을 준다.

- 한 달에 한 번 야자타임 회식을 한다. 팀장은 절대로 보복할 수 없다.
- 팀장은 한 달에 한 번 팀원 전원에게 의무적으로 감사 메일을 보낸다.
- 팀원이 비록 실수를 했을지라도 팀장은 절대로 야단칠 수 없다.
- 팀원들이 말할 때, 팀장은 절대로 중간에 말을 끊을 수 없다.
- 팀장은 업무 지시를 하기 전에, 반드시 팀원들의 의견을 먼저 물어봐야 한다.

"와우~ 재밌는 말씀들을 많이 해주셨네요. 살짝 걱정되지 않는 건 아니지만, 이렇게 된다면 회사생활이 재미있을 것 같기도 하군요. 기탄없이 다양한 의견들을 말씀해주셔서 감사합니다. 그러나 이 내용들을 모두 실천에 옮길 수는 없을 테니까, 이 내용들 중에서 실제로 무엇을 실천할 것인지에 대해 함께 살펴보도록 하겠습니다."

④ Will(실행계획) 이끌어내기

"지금까지 논의된 것 중에서 구체적으로 무엇을 실천하겠습니까?"

"꼭 한 가지만 실천한다면 무엇을 하겠습니까?"

(이 단계는 자신이 해야 할 계획을 구체적으로 도출하는 게 목적이다. 실제로 본인이 실천을 잘하고 있는지, 자신도 알 수 있고 팀원들도 알 수 있는, 구체적이면서 측정 가능한 계획을 도출해야 한다.)

"우리가 공동으로 함께 실천할 사항을 'one thing'이라 부르고, 개인적으로 실천할 사항을 'personal thing'이라 부릅니다. 각자 이것만은 꼭 실천하겠다는 'personal thing'을 한 가지씩 선정해 주기 바랍니다."

(작성하는 동안 차분하게 기다린다.)

"모두 작성하셨군요. 함께 공유하도록 하겠습니다."

(다음과 같은 내용이 나왔다.)

- 저는 팀원들에게 어떤 경우에도 짜증을 내지 않겠습니다.
- 저는 매일 팀원 2명에게 작은 행동을 찾아서 칭찬해 주겠습니다.
- 저는 일주일에 2명씩, 20분 이상, 팀원들의 애로사항을 듣는 면담을 하겠습니다.
- 저는 일주일에 한 번 이상, 팀원과 일대일로 점심 식사를 하겠습니다.
- 저는 매일 아침에 팀원들과 10분 정도 티타임을 하겠습

니다.

- 저는 한 달에 한 번 이상, 팀장의 개선 사항에 대한 피드백
  을, 3명의 팀원으로부터 듣는 시간을 가지겠습니다.

"지금 말씀하신 'personal thing'을 다음 코칭 세션 때까지 잘 실
천해 주시기 바랍니다. 다음 세션 때 실천 내용에 대해 서로 공유
하도록 하겠습니다."

Planning : 실행계획 수립하기

"오늘 우리는 '즐겁게 일할 수 있는 분위기를 만들어 주는 팀장'
이라는 주제에 대한 팀원들의 생각을 공유하는 시간을 가졌습니
다. 또 즐겁게 일할 수 있는 분위기를 만들어 주는 팀장 되기 위한
여러 가지 방법들을 살펴보았습니다. 그리고 그런 팀장이 되기 위
해 각자 실천해야 할 personal thing을 도출했습니다. 그러면 이제
오늘 코칭을 마무리 하도록 하겠습니다."

"각자 나누어 드린 '배성실' 양식을 작성해 보시기 바랍니다."

'배성실' 양식	
배운 것	
성찰한 것	
실천할 것	

(작성하는 동안 차분하게 기다린다.)

"모두 작성을 마치셨네요. 오늘 세션을 통해 성찰한 것에 대해 한 분씩 작성한 내용을 발표해 주시기 바랍니다."

(이런 내용이 나왔다.)

- 즐겁게 일할 수 있는 팀을 만든다는 것에 대해 막연하게 생각하고 있었는데, 다른 팀장님들의 이야기를 들으면서 구체적으로 뭘 해야 하는지 알게 됐습니다.
- 구체적이고 측정 가능해야 실행으로 이어질 수 있다는 말이 가슴에 와 닿았습니다.
- 좋은 팀장이 된다는 건, 마치 수행을 하는 것처럼 어렵다는 생각이 들었습니다.
- 여기서 나온 내용들을 잘 실천하면 좋은 팀장이 될 수 있겠다는 희망이 생겼습니다.

- 코치님이 GROW 모델을 통해 우리들의 생각을 이끌어내고 정리하는 걸 보면서 저도 GROW 모델을 잘 활용하고 싶다는 생각이 들었습니다.
- 코치님이 저희들의 어떤 말도 잘 들어주고 존중해주는 모습을 보면서 나도 저런 팀장이 돼야겠다고 다짐했습니다.

> **코칭 Tip**
>
> 지금 소개하는 내용처럼 세련되게 말하진 않지만, 참가자들은 대체로 비슷하게 반응한다. 참가자들은 코치가 코칭을 진행하는 태도와 방법을 통해서도 많이 배운다. 앞에서 다룬 것처럼 코치가 자기관리를 해야 하는 이유가 코칭 현장에서 그대로 드러난다.

"많은 성찰을 하셨군요. 축하드립니다. 각자 작성하신 'personal thing'을 다음 코칭 세션 때까지 잘 실천해 주시기 바랍니다. 다음 세션 때 실행 내용에 대해 서로 공유하도록 하겠습니다."

"다음 3차 세션에서는 지난번에 논의된 대로 '팀원들이 성장할 수 있도록 도와주는 팀장'이라는 주제를 다루도록 하겠습니다. 수고 많으셨습니다. 다음 세션에서 뵙겠습니다."

세 번째 세션

Greetings : 친밀하고 안전한 공간 만들기

"반갑습니다. 그동안 잘 지내셨나요? 전원 참석해 주셔서 감사합니다. 오늘도 멋진 시간이 되기를 기대합니다. 오늘 참석하신 팀장님들에게 서로 감사의 박수를 보내주시기 바랍니다. 짝짝짝~"

"코칭을 시작하기 전에 간단한 아이스브레이킹을 해보겠습니다. 팀장들님의 팀은 어떤 자랑거리가 있습니까? 자기 팀 자랑을 한번 해볼까요? 포스트잇에 자기 팀의 자랑거리 2가지를 적어 보시기 바랍니다."

- 첫째, 우리 팀은 이런 점이 강점이다.
- 둘째, 우리 팀원들 이런 점이 좋다.

(오늘 세션의 코칭주제가 '팀원들의 성장을 도와주는 팀장 되기'이기 때문에 주제와 연결될 수 있는 아이스브레이킹을 선정했다.)

"모두 적으셨군요. 그럼 적은 내용을 공유해보겠습니다."

(이런 내용이 나왔다.)

- 우리 팀원들은 서로 사이가 좋다.
- 우리 팀원들은 서로 협업을 잘한다.
- 우리 팀원들은 어려울 때 서로 돕는다.
- 우리 팀원들은 책임감이 강하다.
- 우리 팀원들은 열정적이다.
- 우리 팀원들은 팀장의 말을 잘 듣는다.

(자기 팀에 대한 자랑을 하면서 참가자들의 에너지가 높아졌다. 여기서 나온 내용들은 다음 'understanding' 단계에서 주제와 자연스럽게 연결된다.)

"팀장님들의 이야기를 들어보니 좋은 팀이 틀림없군요. 발표해 주신 동료 팀장님들에게 칭찬의 박수를 크게 쳐주시기 바랍니다. 짝짝짝~"

Revisit : 실행을 공유하고 학습을 심화한다.

"우리의 그라운드 룰을 함께 크게 읽어보겠습니다."

(참가자들이 그라운드 룰을 큰 소리로 읽는다.)

"감사합니다. 지난 세션에서 도출한, 각자 실천하기로 했던 personal thing이 무엇이었나요?"

"우리의 'persona thing'은 '즐겁게 일할 수 있는 분위기를 만들어 주는 팀장'이라는 주제에 대한 각자의 계획을 실천하는 것이었습니다. 각자 실천한 내용에 대해 공유하도록 하겠습니다."

코칭 Tip

실천했던 내용에 대해 공유할 때, 여러 가지 사정으로 실천하지 못했다는 사람이 있을 수 있다. 이때, 실천하지 못한 사람을 소외시키면 안 된다. 그렇게 되면 그 사람은 무시당한다는 느낌이 들어서, 앞으로 그룹코칭에 대한 의욕이 상실될 수 있다. 실천하지 못한 사람도 나름의 이유가 있을 테니, 다른 사람들의 발표를 들으면서 지금 여기에서 떠오르는 자신의 생각을 말해 달라고 요청하는 게 좋다. 그러면 그 사람은 미안한 마음과 고마운 마음이 동시에 생겨서 앞으로 그룹코칭에 대한 의욕이 높아지게 된다.

"다음 방법으로 소감을 말씀해 주시기 바랍니다."

- 실천하면서 무엇을 느꼈습니까?
- 실천하면서 어떤 점이 좋았습니까?
- 실천하는 데 어떤 어려움이 있었습니까?

"어느 분부터 실천 소감을 말씀해 주시겠습니까?"

(이런 내용이 나왔다.)

- 저는 팀원들에게 짜증을 내지 않는 것이었는데, 여러 번 짜증을 냈습니다.
- 저는 매일 팀원 2명을 칭찬하는 것인데, 실천한 날도 있고 바쁜 날은 깜박하고 실천을 못했습니다. 더 노력해야 할 것 같습니다.
- 저는 일주일에 2명씩 팀원을 면담하는 것인데, 이게 실제 론 엄청 힘들었습니다. 제대로 면담을 하지 못했습니다.
- 저는 일주일에 한 번 이상 팀원과 일대일로 점심 식사를 하 는 것이었는데, 팀원들이 아주 어색하고 힘들어 했습니다. 이 실천계획은 잘못된 것 같습니다. 앞으로 바꾸겠습니다.
- 저는 매일 아침에 팀원들과 10분 정도 티타임을 하는 것인 데, 특별한 주제 없이 그냥 잡담을 했는데 시간이 지나면서

분위기가 많이 편안해지고 있다는 걸 느꼈습니다. 계속 실천하려고 합니다.

- 저는 팀장의 개선 사항에 대한 피드백을 팀원으로부터 듣는 것인데, 아직 실천하지 못했습니다. 팀원들이 매우 불편해 했습니다. 저도 이 계획은 바꿔야겠다는 생각을 하고 있습니다.

"모두 열심히 실천하셨네요. 실천이 잘된 팀장님도 있고, 현실적으로 실천하기 어려운 계획도 있으셨군요. 앞으로 계획을 수정해서 계속 실천하겠다는 팀장님들의 열정에 박수를 보냅니다. 짝짝짝~"

Objective : 초점을 명확하게 한다.

"오늘 우리가 다룰 코칭주제는 '팀원들이 성장할 수 있도록 도와주는 팀장 되기'입니다. 이 주제가 팀장님들이 정말로 원하는 주제가 맞나요? 그러면 제가 질문을 드리겠습니다."

- 이 목표를 달성하면, 팀장님 자신에겐 어떤 이익이 있습니까?
- 이 목표를 달성하는 게 팀장님 자신에게 어떤 의미가 있습니까?

"팀장님들의 솔직한 이야기에 감사드립니다. 그럼 오늘의 주제에 대해 자세하게 살펴보도록 하겠습니다."

Understanding : 집단지성을 이끌어낸다.

"오늘 코칭주제가 '팀원들이 성장할 수 있도록 도와주는 팀장 되기'인데요. 이 주제에 대해 GROW 모델에 따라 살펴보겠습니다."

① Goal (목표) 확인하기

"팀원들이 성장할 수 있도록 도와주는 팀장의 모습은 어떤 모습인가요?"

(다음과 같은 내용이 나왔다.)

- 큰 형님처럼, 때론 엄격하지만 측은지심을 가지고 진정으로 팀원들의 성장을 돕는다.

- 팀원 각자의 강점을 잘 파악해서 강점을 더욱 강화할 수 있도록 돕는다.
- 자신이 하고 있는 일의 의미와 가치를 깨닫게 해줘서 보람을 느끼면서 일할 수 있도록 한다.
- 어떤 일을 마무리 할 때마다, 잘한 점과 개선해야 할 점에 대해 구체적으로 피드백해준다.
- 팀원의 업무 수준에 맞게 맞춤형으로 코칭을 한다.
- 팀원의 좋은 의도를 믿고 기회를 주고 기다려준다.

"와우~ 팀장님들이 말하는 대로 실천하기만 한다면 팀원들은 정말 즐겁게 일할 수 있을 것 같네요."

② Reality(현재 상태) 확인하기

"그렇다면, 지금 현재는 어떤 모습인가요?"

(앞에서 설명한 바와 같이, 이 질문을 하는 이유는 목표와 현재의 갭을 분명하게 하기 위함이다. 다음과 같은 대답이 나왔다.)

- 내가 과연 측은지심을 가지고 진정성 있게 팀원들을 대하고 있는지 반성이 된다.
- 팀원들의 강점에 대해 구체적으로 잘 모르고 있다.
- 팀원들이 자신의 일에 대한 의미와 가치를 알지 못하고 하

나의 부속품처럼 느끼면서 일하고 있는 것 같다.

- 바쁘다는 평계로 적절한 피드백을 하지 않고 있다.
- 팀원들의 업무 수준에 맞는 코칭을 하기 보다, 내가 원하는 수준으로 일할 것을 강요하고 있는 것 같다.
- 나도 빨리 성과를 낼 것을 요구 받고 있는 처지라서 충분하게 기다리지 못하고 푸시 하는 것 같다.

③ Option(해결 방안) 찾기

"현재 상태에서 목표가 달성된 모습으로 가기 위해 무엇을 해야 할까요?"

"해보고 싶었지만, 여러 가지 사정으로 하지 못한 것이 있다면 무엇입니까?"

"마음대로 할 수 있다면 무엇을 하겠습니까?"

(이 단계에선 여러 가지 아이디어를 자유롭게 말할 수 있도록 돕는 게 핵심이다. 엉뚱한 이야기도 환영해 줄 때 자유로운 의견이 나온다. 다음과 같은 내용이 나왔다.)

- 한 달에 한 번 이상 팀원들의 애로사항을 해결해주기 위한 미팅을 한다.
- 코칭을 잘하는 방법을 익히기 위해 코칭 프로그램을 이수한다.

- 팀원들에게 나의 일하는 방식에 대한 피드백을 요청한다.
- 팀원들 개인별로 강점 노트를 작성한다.
- 팀원들이 잘한 것이 있을 땐 즉시 말해준다.
- 팀원이 스스로 보고 기한을 정하게 하고, 기한이 될 때까지 끝까지 기다린다.
- 팀원이 자신의 업무에 대한 의미를 알 수 있도록, 업무지시를 할 때 그 업무를 추진하는 배경을 자세하게 설명해 준다.
- 매일 한 명씩 티타임을 가지면서 팀원들의 애로사항을 듣는다.

"다양한 의견을 말씀해주셔서 감사합니다. 이제 이 내용들 중에서 실제로 무엇을 실천할 것인지에 대해 살펴보도록 하겠습니다."

④ Will(실행계획) 이끌어내기

"지금까지 논의된 것 중에서 구체적으로 무엇을 하겠습니까?"

"꼭 한 가지만 실천한다면 무엇을 하겠습니까?"

(이 단계에서는 자신이 해야 할 계획을 구체적으로 도출하는 것이 목적이다. 실제로 본인이 실천을 잘하고 있는지, 자신도 알 수 있고 팀원들도 알 수 있는, 구체적이면서 측정 가능한 계획을 도출해야 한다.)

"지금까지 논의된 내용 중에서 각자 이것만은 꼭 실천하겠다는 'personal thing'을 한 가지씩 선정해 주기 바랍니다."

(작성하는 동안 차분하게 기다린다.)

"모두 작성하셨군요. 함께 공유하도록 하겠습니다."

(다음과 같은 내용이 나왔다.)

- 팀원 각자의 강점이 무엇인지 찾는 노력을 하고, 강점을 집중적으로 발전시킬 수 있도록 돕겠습니다.
- 팀원의 잘한 점과 개선해야 할 내용에 대해 타이밍에 맞는 피드백을 해주겠습니다.
- 개발이 필요한 팀원들에 대해 업무 코칭을 해주겠습니다.
- 동기부여가 필요한 구성원에 대해 관심 있게 관찰하고 필요한 때에 동기부여를 위한 면담을 실시하겠습니다.
- 팀원들 각자의 비전이 무엇인지 평소에 잘 파악해서, 팀원들이 비전을 달성할 수 있도록 돕겠습니다.
- 우리 팀원들이 어떻게 성장하는지 잘 관찰해서 팀원 각자에 맞는 맞춤형 코칭을 하겠습니다.

"지금 말씀하신 'personal thing'을 다음 코칭 세션 때까지 잘 실천해 주시기 바랍니다. 다음 세션 때 실행 내용에 대해 서로 공유하도록 하겠습니다."

Planning : 실행계획 수립하기

"오늘 우리는 '즐겁게 일할 수 있는 분위기를 만들어 주는 팀장'이라는 주제에 대한 각자의 'personal thing'을 실천한 소감을 공유했습니다. 그리고 '팀원들의 성장을 돕는 팀장 되기'에 대한 다양한 방법을 살펴봤고, 각자 실천해야 할 'personal thing'을 도출했습니다. 그러면 이제 오늘 코칭을 마무리 하도록 하겠습니다."

각자 나누어 드린 '배성실' 양식을 작성해 보시기 바랍니다.

'배성실' 양식	
배운 것	
성찰한 것	
실천할 것	

(작성하는 동안 차분하게 기다린다.)

"모두 작성을 마치셨네요. 한 분씩 작성한 내용 중에서 성찰한 것에 대해 공유해 주시기 바랍니다."

(다음과 같은 내용이 나왔다.)

- 내가 알고 있다고 생각했던 것들이 실제론 제대로 잘 알지

못하고 있다는 성찰을 했습니다.

- 제가 팀장이 되기 전에 정말 싫어했던 팀장이 하던 행동을 제가 하고 있다는 걸 알게 됐습니다. 얼굴이 화끈거립니다.

- 다른 팀장님들이 정말 진정성이 있다고 느껴졌습니다. 다른 팀장님들을 통해 많이 배웠습니다.

- 여기서 말한 대로, 제대로 된 팀장의 역할을 실천한다면 팀원들과의 관계가 정말 좋아질 거 같습니다. 그렇게 되면 실적은 저절로 좋아질 거 같습니다.

- 팀원들의 자발적인 참여가 없으면 팀장 혼자 아무리 애를 써도 효과가 없겠다는 생각을 했습니다. 팀원들의 마음을 얻을 수 있도록 노력해야겠다고 다짐했습니다.

- 리더는 일을 통해 사랑을 베풀 수 있다는 말이 가슴에 남습니다. 일을 제대로 잘하는 게 자신과 팀원들을 동시에 사랑하는 행위라는 말을 간직하겠습니다.

"많은 성찰을 하셨군요. 축하드립니다. 각자 작성한 'personal thing'을 다음 코칭 세션 때까지 잘 실천해 주시기 바랍니다. 다음 세션 때 실천 내용에 대해 서로 공유하도록 하겠습니다."

"다음 4차 세션에서는 지난번에 논의된 대로 '소통을 잘하는 팀장 되기'라는 주제를 다루도록 하겠습니다. 수고 많으셨습니다. 다음 세션에 뵙겠습니다."

네 번째 세션

Greetings : 친밀하고 안전한 공간 만들기

"반갑습니다. 그동안 잘 지내셨나요? 전원 참석해 주셔서 감사합니다. 오늘도 멋진 시간이 되기를 기대합니다. 오늘 참석하신 팀장님들에게 서로 감사의 박수를 보내주시기 바랍니다."

"오늘은 마음 알아주기 연습을 해보도록 하겠습니다."

스스로 고치고 싶은 데 고쳐지지 않는 습관이나, 잔소리를 듣고 있는데도 고치지 못하고 있는 것을 포스트잇에 적어보기 바랍니다.

(작성하는 동안 차분하게 기다린다.)

"다 적으셨군요. 일대일로 짝을 지어 주시기 바랍니다. 한 분이 먼저 이야기하겠습니다."

- 자신의 습관에 대해 자기합리화, 자기변명, 자기방어를 하시기 바랍니다.
- 이야기를 듣는 사람은 그 말에 대해 무조건 공감해주고, 맞장구 쳐주시기 바랍니다. 심지어 아부까지 해도 좋습니다.

"같은 방식으로 서로 역할을 바꾸어 이야기하시기 바랍니다."

(참가자들이 이야기를 나누는 동안 차분하게 기다린다.)

"다 끝나셨군요. 이제 파트너를 바꾸겠습니다. 같은 방식으로 서로 설명하시기 바랍니다."

(6명의 참가자들이 모두 만날 때까지 파트너를 바꾸어 실시한다.)

"모두 끝나셨네요. 이 실습을 통해 무엇을 느끼셨습니까?"

(이런 대답이 나왔다.)

- 상대방이 내 말을 무조건 지지해주니까 민망하면서도 고마운 마음이 들었다.
- 내가 억지 주장을 하는 데도, 내 말을 비판하지 않고 들어주니까 신이 났다.
- 나는 팀원들의 이야기를 들으면서 너무 따지고 있는 것 같다는 생각이 들었다.
- 때론 무조건 들어주고 지지해 주는 것도 필요하겠다는 생각이 들었다.
- 공감한다는 건 따지지 않고, 있는 그대로 들어주는 거라는 생각이 들었다.
- 정말 신기한 경험을 했다. 누군가가 내 이야기를 이렇게 들어준다면 너무 기분이 좋을 것 같다. 팀원들에게 이렇게 해주고 싶다는 생각이 들었다.

(마음 알아주기 실습을 통해 참가자들의 에너지가 높아졌다. 여기서 나온 내용들은 다음 'understanding' 단계에서 자연스럽게 주제와 연결된다.)

"팀장님들의 이야기를 들어보니 실습을 열심히 하셨고, 짧은 시간에 많은 성찰을 하셨군요. 발표해 주신 동료 팀장님들에게 칭찬의 박수를 크게 쳐주시기 바랍니다. 짝짝짝~"

Revisit : 실행을 공유하고 학습을 심화한다.

"우리의 그라운드 룰을 함께 크게 읽어보겠습니다."

(참가자들이 그라운드 룰을 큰 소리로 읽는다.)

"감사합니다. 각자 실천하기로 했던 'personal thing'이 무엇이었나요?"

"우리의 'persona thing'은 '팀원들이 성장할 수 있도록 도와주는 팀장 되기'라는 주제에 대한 각자의 계획을 실천하는 것이었습니다. 어느 분부터 실천 소감을 말씀해 주시겠습니까?"

(앞에서 말한 것처럼, 여러 가지 사정으로 실천하지 못한 사람을 소외시키면 안 된다. 그 사람도 다른 사람들의 발표를 들으면서 지금 여기에서 떠오르는 생각을 말해 달라고 요청해야 한다.)

"다음 방법으로 소감을 말씀해 주시기 바랍니다."

- 실천하면서 무엇을 느꼈습니까?
- 실천하면서 어떤 점이 좋았습니까?
- 실천하는 데 어떤 어려움이 있었습니까?

"어느 분부터 실천 소감을 말씀해 주시겠습니까?"

(다음과 같은 내용이 나왔다.)

- 저는 팀원들의 강점을 찾아서 개발해 주는 것이었는데, 생각은 하고 있지만 아직 어떻게 해야 하는지 잘 모르겠습니다.

- 저는 타이밍에 맞게 피드백 해주는 것이었는데, 지난 2주 사이에 피드백 할 만한 게 없었습니다.

- 저는 팀원을 코칭하는 것이었는데, 뭘 코칭해야 할지 생각이 잘 나지 않았습니다.

- 저는 동기부여를 위한 면담을 실시하는 것이었는데, 아직 면담을 하지 못했습니다.

- 저는 팀원들의 비전 달성을 돕는 것이었는데, 제 계획이 너무 막연하다는 걸 깨달았습니다. 구체적으로 뭘 할지에 대해 계속 생각해 보겠습니다.

- 저는 팀원들의 성장을 돕는 맞춤형 코칭을 하는 것이었는

데, 팀원들에게 필요한 게 무엇인지 지속적으로 관찰하고 있습니다.

"솔직한 말씀 감사합니다. 대체로 실천계획들이 장기적인 관점에서 수립된 거라서 단기적으론 효과를 확인하기 어렵다는 말씀이군요. 그래도 지속적으로 실천하면 그 효과가 나타날 것으로 기대한다는 말씀에 공감이 됩니다. 팀장님들의 실천계획은 방향이 맞고 또 구체적이라서 지속적으로 실천하면 그 효과가 매우 클 것으로 생각됩니다. 앞으로도 계속 실천하시어 좋은 결과를 얻으시길 기대합니다."

Objective : 초점을 명확하게 한다.

"오늘 우리가 다룰 코칭주제는 '소통을 잘하는 팀장 되기'입니다. 팀장님들은 '소통'을 생각하면 무엇이 떠오르나요? 단어, 느낌, 이미지 등 떠오르는 것을 말씀해 보시겠어요."

(이런 대답이 나왔다.)

'답답하다. 잘 안 된다. 통한다. 시원한 바람, 꼭 필요하다, 애인, 황소...'

"소통에 대한 팀장님들의 다양한 감정이 느껴지네요. 그럼 소통을 잘한다는 게 어떤 것인지, 소통을 잘하면 어떤 점이 좋은지 등에 대해 자세하게 이야기해 보겠습니다."

Understanding : 집단지성을 이끌어낸다.

"오늘 코칭주제가 '소통을 잘하는 팀장 되기'인데요. 이 주제에 대해 GROW 모델에 따라 살펴보겠습니다."

① Goal (목표) 확인하기

"소통을 잘하는 팀장은 어떻게 하는가요?"

"어떻게 소통하는 팀장이 되고 싶은가요?"

"소통을 잘하면 어떤 점이 좋은가요?"

(다음과 같은 내용이 나왔다.)

- 팀원들이 어떤 말도 자유롭게 할 수 있는 편안한 분위기를 만들어준다.
- 자기 생각과 다른 의견도 존중해 준다. 자기 생각만 옳다고 주장하지 않는다.
- 소통이 잘 되면 팀의 분위기가 좋아진다. 좋은 관계 속에서 일할 수 있다. 일할 맛이 난다.
- 소통이 잘 되면 팀 성과가 좋아진다. 협업이 잘된다. 팀원들끼리 서로 돕는다.
- 소통을 잘하는 팀장은 경청을 잘한다. 어떤 이야기도 잘 들

어준다. 팀원들이 편안하게 찾아가서 이야기한다.

- 소통을 잘하는 팀장은 갈등 해결을 잘한다. 서로 다른 주장에 대해 서로 비난하지 않으면서, 서로의 주장을 하고, 차이점을 확인해서, 합리적인 해결책을 이끌어낸다.

"팀장님들의 말씀을 들으니까 소통을 잘하는 건 정말 필요한 것이군요. 지금 말씀하신 것처럼 될 수 있으면 좋은 관계 속에서 좋은 성과를 내는 팀이 될 수 있겠네요."

② Reality(현재 상태) 확인하기

"그렇다면, 지금 현재는 어떤 모습인가요?"

(다음과 같은 내용이 나왔다.)

- 바쁘다는 핑계로 팀원들의 말을 끝까지 듣지 않고 중간에 자른다. 팀원들이 편안하게 말하기 어렵다.
- 자신의 생각과 다른 의견에 대해 즉시 지적한다.
- 서로 편안하게 대화를 나눌 여유가 없다. 업무 외의 대화는 전혀 하지 않는다.
- 자기 목표를 달성하는데 쫓겨 다른 사람의 업무를 도와 줄 겨를이 없다.
- 서로 경쟁관계로 인식해서 협업이 안 된다.

- 팀원들끼리 서로 자기 생각만 옳다고 주장한다. 다른 사람의 말을 잘 듣지 않는다.
- 갈등이 생겨도 모른 척 덮어둔다.

"현재는 여러 가지 사정으로 인해 소통이 잘 안되고 있다는 솔직한 말씀에 감사드립니다. 아까 Goal 단계에서 소통이 잘되면 좋은 점에 대해 이야기 했었는데, 어떤 방법이 있을지 살펴보기로 하겠습니다."

③ Option(해결 방안) 찾기

"원하는 모습이 되기 위해 무엇을 해야 할까요?"

"해보고 싶었지만, 여러 가지 사정으로 하지 못한 게 있다면 무엇입니까?"

"마음대로 할 수 있다면 무엇을 하겠습니까?"

(다음과 같은 내용이 나왔다.)

- 팀장의 의견과 다른 의견을 말하는 사람은 평가 점수에 가중치를 준다.
- 팀장은 팀원에게 피드백을 할 때, 먼저 팀원의 허락을 받아야 한다.
- 팀장은 하루에 30분은 반드시 팀원들의 애로사항을 듣는

시간을 가진다. 지키지 않으면 팀장에게 벌점을 부과한다.

- 팀장은 팀원들의 의견에 절대로 반대할 수 없다. 팀원들의 과반수 이상이 요구하는 사항은 반드시 들어줘야 한다.
- 팀원들끼리 갈등이 생기는 건 무조건 팀장 책임이다. 팀장은 갈등 당사자들이 모두 만족할 수 있는 해결책을 제시해야 한다.
- 팀장은 업무 지시를 하기 전에 팀원들에게 그 업무를 시키는 이유를 반드시 설명해줘야 한다.

"재미있고 다양한 의견을 말씀해주셔서 감사합니다. 이제 이 내용들 중에서 실제로 무엇을 실천할 것인지에 대해 살펴보도록 하겠습니다."

④ Will(실행계획) 이끌어내기

"지금까지 논의된 것 중에서 구체적으로 무엇을 하겠습니까?"

"꼭 한 가지만 실천한다면 무엇을 하겠습니까?"

"지금까지 논의된 내용 중에서 각자 이것만은 꼭 실천하겠다는 'personal thing'을 한 가지씩 선정해 주기 바랍니다."

(작성하는 동안 차분하게 기다린다.)

"모두 작성하셨군요. 함께 공유하도록 하겠습니다."

(다음과 같은 내용이 나왔다.)

- 아무리 바빠도 팀원들의 말을 중간에 자르지 않고 끝까지 듣는다.
- 팀장의 생각과 다른 의견을 말해주는 팀원들에 대해 고맙다는 말을 한다.
- 하루에 10분 정도 티타임을 가지면서 업무 외의 대화를 나눈다.
- 하루에 30분은 반드시 팀원들의 애로사항을 듣는 시간을 가진다.
- 업무 지시를 하기 전에 그 업무를 시키는 이유를 자세하게 설명해준다.

"지금 말씀하신 'personal thing'을 다음 코칭 세션 때까지 잘 실천해 주시기 바랍니다. 다음 세션 때 실행 내용에 대해 서로 공유하도록 하겠습니다."

Planning : 실행계획 수립하기

"오늘 우리는 '팀원들이 성장할 수 있도록 도와주는 팀장 되기'라는 주제에 대한 각자의 'personal thing'을 실천한 소감을 공유했습니다. 그리고 '소통을 잘하는 팀장 되기'에 대한 다양한 방법을 살펴봤고, 각자 실천해야 할 'personal thing'을 도출했습니다. 그러면 이제 오늘 코칭을 마무리 하도록 하겠습니다."

"각자 나누어 드린 '배성실' 양식을 작성해 보시기 바랍니다."

'배성실' 양식	
배운 것	
성찰한 것	
실천할 것	

(작성하는 동안 차분하게 기다린다.)

"모두 작성을 마치셨네요. 한 분씩 작성한 내용 중에서 성찰한 것에 대해 공유해 주시기 바랍니다."

(다음과 같은 내용이 나왔다.)

- 소통의 중요성에 대해 말은 많이 했지만 오늘처럼 구체적으로 뭘 해야 하는지에 대해 논의해 본 적은 없었던 거 같습니다. 소통을 잘하기 위해 구체적으로 뭘 해야 하는지 알게 된 귀중한 시간이었습니다.
- 나만 소통을 잘하지 못하는 것 같아서 내심 불안했었는데,

다른 팀장님들 이야기를 들으니까 저와 비슷한 것 같아서 조금 안심이 됐고, 지금부터라도 잘하면 되겠다는 희망이 생겼습니다.

- 소통은 정말 어려운 거 같습니다. 조금만 방심해도 불통 팀장이 될 수 있다는 걸 느꼈습니다. 불통이 되지 않기 위해 항상 노력해야겠다고 다짐했습니다.
- 소통과 불통의 행동은 종이 한 장 차이인 것 같은데, 그 결과는 엄청난 차이가 있다는 걸 느꼈습니다.
- 소통을 잘하는 팀장들을 보면서 부러워했는데, 그게 저절로 이루어진 게 아니라, 대단한 노력의 결과라는 걸 알게 됐습니다. 소통을 잘하는 팀장들에게 존경심이 생깁니다.
- 소통은 내 주장을 일단 내려놓는 것이고, 내 주장을 내려놓을 때 오히려 소통이 더 잘된다는 걸 알게 됐습니다.

"솔직한 게 팀장님들의 장점이라는 걸 오늘 다시 한 번 알게 됐습니다. 솔직하고 깊이 있는 성찰을 하신 팀장님들을 지지하고 응원합니다. 각자 작성한 'personal thing'을 다음 코칭 세션 때까지 잘 실천해 주시기 바랍니다. 다음 세션 때 실행 내용에 대해 서로 공유하도록 하겠습니다."

"다음 5차 세션에서는 지금까지 진행된 코칭을 총정리하는 시간을 가지도록 하겠습니다. 우리는 지난 4번의 코칭을 통해 모두가 실천할 'one thing'과 각자 개인이 실천할 'personal thing'을 정했고, 지금까지 계속해서 실천하고 있습니다. 다음 세션에 오실 때 각자 '실천 구조물(structure)'을 가져오시기 바랍니다. 실천 구조물이란, 그걸 보면 자신의 실천계획이 떠오르는 물건 또는 상징물을 의미합니다. 일상생활 속에서 항상 접할 수 있는, 자신의 주변에 있는 물건을 가져오시기 바랍니다. 어떤 분은 2분짜리 모래시계를 가져왔는데, 팀원들의 보고를 받을 때 모래시계를 뒤집어 놓고, 모래시계가 다 내려갈 때까지 팀원의 말을 자르지 않고 끝까지 들으려고 노력했다고 합니다. 이렇게 실천을 도와주는 물건이나 상징을 실천 구조물이라고 합니다. 각자의 실천에 도움을 줄 수 있는 구조물을 가져오시기 바랍니다. 다음 세션에서 공유하도록 하겠습니다. 오늘도 수고 많으셨습니다. 다음 세션에 뵙겠습니다."

마지막 세션

상호 축하하기

"반갑습니다. 그동안 잘 지내셨나요? 오늘도 전원 참석해 주셔서 감사합니다. 오늘도 멋진 시간이 되길 기대합니다. 오늘 참석하신 팀장님들에게 서로 감사의 박수를 보내주시기 바랍니다. 짝짝짝~"

"오늘은 지금까지 그룹코칭에 열심히 참여해주신 팀장님들에게 서로 감사와 축하의 마음을 전하는 시간을 가져보겠습니다."

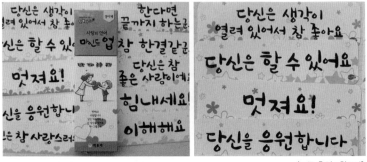

〈도구 출처 : 학토재〉

(마지막 세션은 지난 코칭을 총정리하고 상호 축하하고 실행을 다짐하는 시간이다. 그런 의미에서 아이스브레이킹으로 상호 칭찬에 적합한 마인드 업 카드를 활용하여 다음과 같은 순서로 진행했다.)

- 칭찬카드를 받을 순서를 먼저 정하겠습니다. 순서가 정해졌나요?
- 첫 번째 팀장님에게, 다른 팀장님들은 칭찬해 주고 싶은 카드를 3장씩 골라주세요.
- 고른 카드를 큰 소리로 읽고 전해주세요.
- 카드를 받으신 팀장님은 휴대폰으로 받은 카드를 찍습니다.
- 같은 방식으로 순서대로 진행합니다.

(참가자들은 서로 칭찬 카드를 전하면서 유쾌하고 웃으며 즐거운 시간을 가

졌다. 간단한 활동을 통해 참가자들은 더 친밀감을 느꼈다.)

"모두 끝나셨네요. 서로 칭찬해 주신 동료 팀장님들에게 감사의 박수를 크게 쳐주시기 바랍니다. 짝짝짝~"

전체 세션을 총정리하기

"오늘은 지난 코칭을 모두 통합하고 총정리하는 시간입니다. 우리가 그동안 무엇을 배웠고, 어떤 성찰이 있었고, 무엇을 실천했는지에 대해 정리해보도록 하겠습니다. 그리고 코칭이 끝나고 난 후에도 지속적으로 실천하기 위한 방법으로 자신의 '실천 구조물'을 공유하고 상호 축하하는 시간을 가지도록 하겠습니다.

"그동안 코칭을 통해 많은 것을 실천했고, 많은 성찰이 있었을 텐데 각자 '배성실' 양식에 전체 코칭을 망라해서 작성해 보시기 바랍니다."

'배성실' 양식	
배운 것	
성찰한 것	
실천한 것	

"모두 작성을 마치셨네요. 한 분씩 작성한 내용 중에서, 성찰한 것에 대해 공유해 주시기 바랍니다."

(다음과 같은 내용이 나왔다.)

- 동료 팀장들에 대해 이해하게 됐다. 나 혼자만 어려운 줄 알았는데 다른 사람들도 어렵다는 걸 알았다. 동병상련을 느꼈고 위안이 됐다.

- 다른 부서의 팀장들과 소통을 많이 했다. 진정한 소통을 통해 부서 이기주의에서 벗어나 서로 돕는 분위기가 만들어졌다. 비록 다른 부서에서 일하고 있지만 조직의 같은 목표를 위해 일하고 있다는 일체감을 느꼈다.

- 다른 팀장들의 이야기를 들으면서 많이 배웠다. 다양한 아이디어를 통해 문제 해결능력을 키울 수 있었고, 상호 협력하는 분위기가 만들어졌다.

- 코치님이 우리들을 이해하고 존중해줘서 고마움을 느꼈다. 이 느낌 그대로 팀원들도 느낄 수 있도록 팀원들을 이해하고 존중해주고 싶다.

- 팀장이 되고 나서 어떻게 팀장 역할을 해야 할지 막막했는데, 이제 뭘 해야 하고, 뭘 하지 말아야 하는지에 대해 구체적으로 잘 알게 돼서 좋았다.

"솔직하고 깊이 있는 성찰을 하신 팀장님들을 지지하고 응원합니다. 이제는 이렇게 성찰한 내용을 코칭이 끝나고 난 후에도 어떻게 지속적으로 실천할 것인지에 대해 이야기를 나누어 보도록 하겠습니다."

지속적인 실행과 성취를 다짐한다.

(코칭이 종료되고 난 후에도 지속적인 실천을 다짐하기 위해 'SCS'를 활용했다.)

"지금 나누어 드린 'SCS' 양식을 작성하시기 바랍니다."

'SCS' 양식	
Stop (그만두어야 할 것)	
Continue (지속적으로 실천해야 할 것)	
Start (새롭게 시작해야 할 것)	

- Stop : 이제는 그만두어야 할 것입니다. 여태까지 하던 것(행동)들 중에서 이제는 중단해야 하는 것들을 적어보시기 바랍니다.
- Continue : 지금까지 해오던 것(행동)들 중에서 지속적으로 계속 실천해야 할 내용을 작성하시기 바랍니다.

- Start : 지금까지는 하지 않았지만, 이제 새롭게 시작해야 하는 것(행동)
  들을 적으시기 바랍니다.

"이 내용은 그동안 코칭에서 수립했던 자신의 실천계획뿐만 아니라, 다른 팀장님들의 실천계획까지 참고하면서 작성하면 되겠습니다. 다른 팀장님들의 내용을 벤치마킹 하시기 바랍니다."

(작성하는 동안 차분하게 기다린다.)

"모두 작성하셨네요. 한 분씩 공유해 주시면 감사하겠습니다."

(이런 내용이 나왔다.)

- Stop : 중단해야 할 것
  - 팀장의 생각에 반대 의견을 내는 팀원에 대해 불편하게 생각한다.
  - 팀원들을 칭찬하지 않는다. 칭찬에 인색하다.
  - 팀원들이 실수를 하면 짜증을 낸다.
  - 팀원들이 조리 있게 말하지 못하면 답답해서 중간에 말을 자른다.

- Continue : 지속적으로 실천해야 할 것
  - 매일 팀원 2명에게 작은 행동을 찾아서 칭찬해준다.
  - 일주일에 2명씩, 20분 이상, 팀원들의 애로사항을 듣는 면담을 한다.
  - 매일 아침 팀원들과 10분 정도 티타임을 가진다.
  - 한 달에 한 번씩 팀의 개선 사항에 대한 피드백을 팀원들로부터 받

는다.

- 팀장은 연차나 월차를 활용하여, 일주일에 하루는 강제로 출근하지 않는다.
- 회식할 때, 회식 장소를 팀원들이 자율적으로 정하게 한다.

- Start : 새롭게 시작해야 할 것
- 출근하는 순서대로 자기가 앉고 싶은 자리에 마음대로 앉게 한다.
- 팀의 중요한 의사결정은 팀원들과 다수결로 결정한다. 의견 일치가 되지 않을 때만 팀장이 결정한다.
- 팀장은 한 달에 한 번 팀원 전원에게 의무적으로 감사 메일을 보낸다.
- 팀원이 비록 실수를 했을지라도 야단치기에 앞서 원래의 좋은 의도가 무엇인지 묻는다.
- 매월 1회 팀원들이 투표로 우수 팀원을 뽑고, 팀장은 선물을 준다.

"지금 팀장님들이 발표하신 내용을 들으니까 전체 코칭 내용이 총정리가 되는 느낌입니다. 정리를 잘해주신 팀장님들에게 서로 감사의 박수를 쳐주시기 바랍니다. 짝짝짝~"

"팀장님들의 발표 내용을 들으니까 그동안 열심히 실천하셨고, 많은 성찰이 있었다고 느껴집니다. 코칭이 끝나고 난 후에도 지속적으로 실천해서 더 좋은 성과를 내시기 바랍니다. 이제 실천을 도와 줄 '코칭 구조물'에 대해 이야기 해보겠습니다."

(발표 내용 중 인상적인 것을 소개한다.)

- 모래시계 : 저는 팀원이 보고할 때 모래시계를 뒤집어 놓고 모래가 다 내려갈 때까지 중간에 말을 자르지 않고 끝까지 듣겠습니다.
- 팔찌 : 저는 팔찌를 끼고 있다가, 팀원을 비난하는 마음이 생길 때, 팔찌를 다른 손으로 옮기면서 마음을 다스리는 시간을 가지도록 하겠습니다.
- 참빗 : 저는 참빗을 책상 위 연필통에 꽂아놓고, 팀에서 갈등이 생길 때, 참빗으로 엉켜진 머리카락을 정리하듯 갈등을 조정하는 역할을 하겠습니다.

"이제 전체 그룹코칭을 마무리해야 하는 시간이 됐습니다. 그동안 서로에게 힘이 되고 도움이 됐던 팀장님들에게 서로 감사의 인사를 전하는 시간을 가지도록 하겠습니다. 팀장님들이 잘 알고 있는 롤링페이퍼를 작성하겠습니다. 다음과 같은 방식으로 진행해 주시기 바랍니다."

- 나누어 드린 A4 용지 오른쪽 상단에 자기 이름을 적으시기 바랍니다.

자신의 이름이 적힌 A4 용지를 오른쪽 사람에게 전달하시기 바랍니다.

- 용지를 전달 받으신 분은 이름이 적혀 있는 팀장님에 대해 그동안 감사했던 것, 칭찬해 주고 싶은 것 등을 작성하시기 바랍니다.

- 작성한 후에는 또 오른쪽으로 전달해서, 한 사람에 대해 다른 모든 분이 적을 수 있도록 하겠습니다. 우리가 모두 6명이니까, 자신을 제외한 5명에게 감사와 칭찬을 전하면 되겠습니다.

(작성하는 동안 차분하게 기다린다.)

"모두 작성하셨네요. 그럼, 자기 이름이 적힌 용지를 오른쪽 팀장님에게 전해주기 바랍니다. 오른쪽 팀장님은 그 용지에 적힌 내용을 상장을 수여하듯이 크게 읽으면서 감사와 축하를 전하시기 바랍니다. 마치 상장을 수여하듯 축하해 주시기 바랍니다."

(작성된 롤링페이퍼를 마치 상장을 수여하듯 읽고 전달했다.)

"감사합니다. 이것으로 전체 코칭을 마무리 하겠습니다. 그동안 열정적으로 코칭에 참여해 주신 팀장님들께 감사드립니다. 이번 코칭이 팀장님들의 리더십 역량 향상에 도움이 되었기를 기대합니다. 더욱 멋진 팀장이 되길 기대합니다. 서로에게 감사와 축하의 박수를 크게 치면서 마치겠습니다. 짝짝짝~"

[부록3] 그룹코칭 축어록

다음 내용은 국민대 경영대학원 그룹코칭 수업시간에 진행한 그룹코칭의 축어록이다. G.R.O.U.P 중에서 'Understanding' 부분에 대해 진행했다.

- 참가자 : 김민수, 이수현, 김선영, 강지영. (참가자들의 이름은 가명임.)
- 주제 : 그룹 코칭을 잘하는 코치되기

(온라인 수업에 참가한 수강생 중에서 가위 바위 보로 4명을 선정하여 시연했다. 갑자기 시연에 참가한 사람들에 대해 분위기를 부드럽게 할 필요가 있다고 판단되어 간단한 아이스브레이킹으로 시작했다.)

코치 : (전체에게)지금 마음을 한 단어로 말한다면?

지영 : 헉!

코치 : 뭐라구요?

지영 : '헉!' 이요

코치 : 지금 마음을 한 단어로 표현하면, '헉!' 와~ 창의적이시
　　　네요, 뭔가 느낌이 있네요.

지영 : 느낌 빡 옵니다.

코치 : 수현 코치님은 어때요?

수현 : 이런 일도 있네.

코치 : 무슨 의미인가요?

수현 : 제가 가위 바위 보를 해서 끝까지 남아본 적이 없었거든
　　　요. (가위 바위 보를 잘해서 코칭 시연에 참여하게 되었다.)

코치 : '이런 일도 있네' 라는 말이 기쁘다는 뜻이군요?

수현 : 네. 좋은 뜻입니다.

코치 : 민수 코치님은요?

민수 : 저는 '어머나!'입니다. 저도 가위 바위 보에서 끝까지 남
　　　아 본 적이 없어서, 뭐랄까 당황과 황당 사이랄까? 뭐, 그
　　　렇습니다.

코치 : 민수 코치님이 남으신 데는 제 덕분도 좀 있을 겁니다.
　　　저도 가위 바위 보에서 끝까지 남은 적이 없는 사람인데.
　　　저하고 했으니까 남아있는 거 같아요(웃음). 선영 코치님
　　　은 어떠세요?

선영 : 저의 솔직한 심정은 '질 걸'입니다. 그냥 관찰자로 있었으
　　　면 훨씬 편하지 않았을까 하는 생각이 듭니다.

코치 : 그 말에서 여러 가지 마음이 느껴지는군요.

선영 : 예. 관찰자라면 더 많은 걸 수집할 수 있을 것 같아요.(잘
하는 방법에 대해서)

코치 : 우리에게 더 좋은 기회인 것이, 지금 녹화가 되고 있다는
겁니다. 나중에 녹화된 자신의 모습을 보면, 실제로 참여
한 것과 관찰한 것을 동시에 볼 수 있는 1+1의 학습효과
가 있을 것 같아요.

영민 : 그렇군요.

지영 : 녹화하시는 거였어요?

민수 : 녹화되는 거 의식하면 안 돼요.(웃음)

지영 : 녹화된다고 해서 머리도 만지고~~(웃음)

코치 : 여러 가지 마음들이 느껴지네요.

코치 : 그러면, 오늘 주제에 대해 나는 그룹코치로서 이런 모습
이 되고 싶다. 그룹코치로서 되고 싶은 모습, 내가 원하는
상태는 어떤 상태인지 각자 돌아가면서 이야기를 나눠
볼까요?

수현 : 저는 참가자들이 늘 다음 시간을 기대하게 하고 기다리
게 하는 그런 코치가 되고 싶어요.

코치 : 다음 시간을 기대하게 하고 기다리게 하는 코치. 좋네요.

선영 : 저는 여유가 있어서 누구도 소외되지 않도록 두루두루
구성원들을 다 챙겨줄 수 있는 코치~

코치 : 여유가 있어서 두루두루 챙겨주는 코치가 되고 싶군요.

선영 : 예, 제 마음의 여유를 말하는 거죠.

코치 : 마음의 여유가 있어서 두루두루 다 챙겨주고 소외되지 않도록 하는 코치가 되고 싶은 거네요.

선영 : 예~

민수 : 저는 지루하지 않고. 이 사람과 함께 있으면 어느새 시간이 '홀랑' 지나가버리는, 같이 하다 보면 재미와 성취를 함께 찾는 코치가 되고 싶습니다.

코치 : 재미와 성취, 지루하지 않고, 시간이 '홀랑' 간다고 했는데 '홀랑'이라는 데서도 느낌이 좀 있네요.

민수 : (웃음)

코치 : 재미와 성취 뿐만 아니라, 같이 있으면 시간이 홀랑 지나가는 그런 코치가 되고 싶군요.

지영 : 아직 그룹코칭을 진행하는 코치로서 명확하게 뭔가 되고 싶다는 생각은 없었는데 교수님 질문을 듣고 나니까, 담당자와 그룹코칭 참가자 모두가 만족할 만한 코칭을 진행하는 코치가 되고 싶다는 생각이 들어요. 돈을 낸 클라이언트도 그룹코칭에 참석한 참여자들도 '이 정도면 아주 만족스럽다'는 결과를 끌어내는 코치가 되었으면 좋겠다는 생각을 했습니다.

코치 : 모든 사람의 만족을 이끌어 내는 코치, 돈을 낸 사람과 참

석하는 사람, 모든 사람의 만족을 이끌어내는 코치네요.

코치 : 지금까지 말씀하신 것들을 정리해볼까요? 자신이 되고
　　　싶은 그룹코치의 모습을 1~2 단어 또는 한 문장으로 정
　　　리한다면 어떻게 정리할 수 있을까요? 예를 들어 저라면,
　　　'깊이 있는 내용을 쉽고 재미있게 이끌어내는 코치' '도움
　　　이 되는 코치'가 되고 싶은 데, 이걸 단어로 정리하면 '깊
　　　이, 재미, 도움' 이렇게 3가지로 정리되거든요.

지영 : 저는 '함께, 만족'

코치 : 지영 코치님은 거기에다가 아까 말씀하신 것 중 '모두'를
　　　넣으면 어떨까요?

지영 : '모두, 함께, 만족' 이것도 괜찮습니다.

코치 : 다른 분들은?

선영 : 모두를 챙기는 탁월한 코치.

코치 : '모두 챙기는 탁월한 코치', 뭔가 울림이 있네요.

선영 : 저는 롤 모델이 교수님(웃음)이에요. 그런 느낌이에요.

코치 : 어떤 모습을 닮고 싶은지 물어보고 싶은데...(웃음)

선영 : 여유도 느껴지고, 탁월함도 느껴지고~

코치 : 그렇군요. '여유롭게 모두를 챙기는 탁월한 코치'군요.

선영 : 예. 좋은데요.

민수 : 저는 재미와 성취를 보장하는 코치~

코치 : 재미와 성취를 보장하는 코치, 보장성 보험 같은 느낌이 드네요.

민수 : 좀 찔리기는 하는데요... 그래도 그냥~~

코치 : 좋아요, 좋아요. 보장해주는 게 얼마나 좋아요? 저 사람한테 가면 재미와 성취 보장받을 수 있다는 거잖아요. 보장이라는 단어가 확~ 오는데요.

민수 : 감사합니다.

(모두 웃음)

수현 : 저는 '기대를 충족시켜주는 코치'

코치 : 기대를 충족시켜주는 코치, 그렇군요.

코치 : 지금 각자가 되고 싶은 그룹코치의 모습을 한 문장 또는 단어로 정리했는데요. 자신이 원하는 모습이 10점일 때 만일 10점이 다 이루어졌다면, 즉, 자신이 원하는 대로 모두 이루어 졌을 때의 기분, 그렇게 되면 내 삶은 어떨까? 그렇게 되면 어떤 일이 일어날까? 그때의 기분을 이야기해도 좋고, 삶을 이야기해도 좋고, 어떤 일이 일어날지를 이야기해도 좋고, 세 가지를 다 이야기해도 좋고, 한 가지를 이야기해도 좋습니다. 이번에는 수현 코치님 이야기를 먼저 듣고 싶네요.

수현 : 그렇다면 스스로 만족하겠죠. 코치로서 스스로 인정해 줄 수 있지 않을까요? 두 번째는 코칭 고객이 늘어나지 않을까요? 회사들이 그룹코칭 해달라고 줄을 설 거 같구요.(웃음) 그러면서 더 더욱, 정말 더 필요하고 기대가 되고 그러면서 굿 라이프를 사는 그런 코치가 되지 않을까 싶습니다.

코치 : 지금 말씀하시는 수현 코치님 표정이 아주 밝군요.

수현 : (웃음) 고객들이 줄을 선다고 생각하니까 되게 좋은데요.

(모두 웃음)

코치 : 그렇게 되는 게 수현 코치님의 삶에 어떤 의미가 있을까요?

수현 : 결국은 코칭에 대한 확신인 것 같아요. 코칭이 결국에는 개인과 조직에게 정말 효과가 있다. 그리고 하나의 해답이 될 수 있다는, 코칭에 대한 결과를 보여주는 거라서 '내가 코칭을 하길 참 잘했구나. 그래도 이 세상에 작은 기여를 했구나.' 하는 확신이 들 것 같아서 저는 그걸로 충분하다고 생각해요.

코치 : 코칭으로 이 세상에 작은 기여를 할 수 있다는 확신을 가질 수 있어서 좋다. 지금 말씀하신 걸 정리하면 '세상에 기여하고 있는 나의 모습을 보는 것'이네요.

수현 : 아~ 그렇죠.

코치 : 살짝 이야기했는데 엄청 큰 걸 꺼내셨네요. 좋습니다. 또 다른 분? 그렇게 되면 어떤 일이 일어날까요? 나에게 어떤 의미가 있을까요? 그때의 나는 어떤 모습일까요?

(아무도 말하지 않음. 30초 정도 기다림)

수현 : 얼른 말하세요.

(모두 웃음)

선영 : 제가 할게요. 제가 그렇게 탁월한 코치가 되어 있다면 저 혼자만의 기쁨이 아니라 모든 사람들이 함께 기뻐하고 있는 모습을 보고 있고, 그런 행복이 있을 것 같아요. 그런 모습이 느껴져요.

코치 : 혼자도 기쁘지만, 혼자만의 기쁨이 아니라 모든 사람들이 함께 기뻐하는 모습을 볼 수 있을 것 같다. 내가 원하는 그런 모습이 되면, 모든 사람들이 함께 기뻐하는 모습이다. (간격) 지금 액자에 있는 그림이 떠오르는데요. 코치님 주변에 있는 사람들이 함께 웃으며 기뻐하고 있네요. 선영 코치님은 함께 기뻐하고 있는 삶을 살고 있다. 이렇게 봐도 되네요?

선영 : 예. 맞습니다.

코치 : 기쁨, 여유, 탁월함. 이런 단어들을 쓰셨습니다. 또 다른 분?

민수 : 뭔가 이쯤 되면 제가 해야 할 것 같네요.(웃음) 저는 '나에

게 전성기가 다시 한 번 오긴 오는구나.' 이런 느낌이 들 것 같아요. 어릴 때부터 누군가 나의 도움을 받아서 성장하는 걸 보면 기쁘더라구요. 어릴 때, 공부 못하는 애들을 친구로 많이 삼았거든요. 왜냐하면 공부 가르쳐서 걔들이 잘하면 되게 좋았거든요. 그런 제 성향으로 볼 때, 어른이 되어서도 그런 일을 할 수 있다는 게 좋은 것 같아요. 그리고 사람들이 저를 찾아주는 것도 좋은 거 같아요. 제가 탁월한, 멋진 코치가 된다면 (사람들이) 찾아와 줄 거 아니에요? 찾아와 준다는 것도 매력적인 삶의 모습이 아닐까? 그런 생각이 들었습니다.

코치 : 다시 또 전성기가 왔다. 나는 원래부터 다른 사람들을 돕는 데서 행복과 즐거움을 느꼈는데. 다른 사람들이 찾아와서 도와주고 하니까 다시 또 전성기가 왔다. 음~ 그렇군요. 그럼 상상을 한 번 해보시겠어요? 다시 또 전성기가 오고 재미와 성취를 주는 그룹코치, 내가 원하는 모습이 다 이루어진 상태, 그 상태를 한번 상상해보시겠어요?

민수 : 음.... (상상 중) 갑자기 엉뚱한 생각이 드는데요. 유재석이 하는 '유퀴즈 온더블럭'이란 프로가 있거든요. 거기서 유재석이 (작가들이 아무래도 코칭을 배우신 분들 같아요) 코칭 질문을 많이 하거든요. 제가 그 프로에 나올 것 같은 그런 상상이 들었습니다. 그래서 '니들이 하던 거 원래 우리가

하고 있었다. 니들 코칭이 뭔지 아니? 난 사람이 바뀌었단다.' 그런 엉뚱한 생각이 들었습니다.

코치 : 그럼 민수님이 유퀴즈에 나가는 장면을 상상해보실래요? 몸에서 뭐가 느껴지시나요?

민수 : 어...뭐랄까? 표현을 못하겠네... 몸이 무언가 빛으로 둘러싸인 느낌? 그런 것 같아요. 빛을 발한다기보다는 둘러싸인 느낌? 그런 느낌이 들어서 굉장히 자신이 확고해지고 단단해지는 느낌 같은 거? 표현해 보라니까 그렇네요.

코치 : 빛으로 둘러싸인 느낌. 조금 더 확고하고 단단해지는 느낌. 그런 코치가 된다는 건 자신에게 그런 의미이군요. 지금 민수 코치님 가상배경에 있는 창 너머의 빛들이 민수 코치님을 비추고 있는 모습이 보이네요.

민수 : 와~ 역시 구력이 남다른 코치님은 말씀도 감동적이네요. 진심입니다

코치 : 빛이 감싸고 있는 거 같아요.

민수 : 이 배경화면을 간직해야겠어요.

코치 : 이것을 전문용어로 '백색 광명에 둘러싸인 민수 코치~' 이렇게 말해요.(웃음)

민수 : 어머나~, 어머나~, 이 말씀을 꼭 기억하겠습니다. 멋있습니다.

코치 : 지영 코치님?

지영 : 저는 모두가 함께 만족하는 코치가 되면, 어깨에 뽕이 들어가는 만족감? 존재감으로 우뚝 설 것 같은? 제가 그룹코칭을 이끌었을 때 모두가 만족하고, 저를 찾게 되고, 그러면서 만족감과 성취감을 느끼면서 생각하는 건 '선한 영향력을 끼치는 사람이 되어야 겠다'는 생각이 들었구요, 결국은 내 존재감에 대한 스스로의 인정으로 인해서 깊이 있는 성찰이 오겠구나 하는 생각이 있었습니다.

코치 : 그런 성찰이 오면, 지영 코치님한테는 뭐가 좋아요?

지영 : 음... 그냥 저로서 만족할 것 같아요. 계속해서 뭔가 증명해야 되고, 인정받아야 되고, 지금 그런 여정을 살아가고 있는 거 같거든요. 그런데 나로서 인정이 되고 그룹코칭을 받으러 오시는 분들 또한 본인들의 그런 부분들을 찾아가는 걸 도와줄 수 있기 때문에 선순환이 되면서 만족스러운 삶이 될 거 같습니다.

코치 : 지금은 스스로를 증명하고 인정받아야 되는데. 그렇게 되면 '나'로서 만족하고 '나'로서 도울 수 있고, '나'라는 존재 그 자체로서 만족하고 선한 영향력을 미치는...이런 거네요.

지영 : 예. 맞아요.

코치 : 지금까지 코치님들은 '자신이 되고 싶은 코치의 모습' 그

리고 '그렇게 되면 뭐가 좋지? 내 삶이 어떻게 달라지지? 나에게 어떤 의미가 있지?' 이런 것들에 대해 살펴봤습니다. 이걸 말로 표현하니까 좀 더 강하게 느껴지는 거 같네요. 자, 그러면 각자가 이루려고 하는 모습이 10점 만점에 10점이라면 지금은 몇 점일까요? 설명하지 않고 돌아가면서 점수만 이야기해보겠습니다.

지영 : 저는 5점입니다.

선영 : 4점

민수 : 5점

수현 : 6점

코치 : 4, 5, 6점이네요. 그럼 4, 5, 6점에서 10점으로 가려면 뭘 해야 할까요? 구체적으로 무엇을 하면 올라갈 수 있을지에 대해 이야기해 보겠습니다. 여태까지 대학원에 와서 공부도 하고, 강의도 하고 코칭도 하고 계시고 그룹코칭 수업도 한 학기 마지막에 와 있는 상태인데, '이건 진짜 한번 해보고 싶다.' 하는 거, 내지는 '나는 이렇게 하고 있다.' 이런 것들을 다른 분들에게 자랑 좀 해주시겠어요?

선영 : 자랑이라고 하니까 할 말이 없네.

(모두 웃음)

수현 : 자랑이라는 말 대신에 다른 말로 대체할 수 있는 게 없을까요? (웃음)

코치 : 자랑이라는 말 대신 '안 해봤는데 해보고 싶다.' '어렵지만 해보고 싶다.' 이렇게 바꿔볼까요?

지영 : 아까 교수님께서 저한테 '점수'에 대해 물어보셨잖아요? 그런데 저는 지금까지 개인 코칭만 해보았지 그룹코칭은 시도를 해본 적이 없었어요. 몇 명 같이 앉아서 이야기하는 것도 개인 코칭에 집중해서 했었는데, 오늘 어떤 그룹코치가 되고 싶은지 의미를 물어보시니까 앞으로 점수를 높이기 위해서는 의도적으로라도 그룹을 만들어서 여러 사람들이 함께 할 수 있는 그룹코칭을 해봐야겠다는 생각이 들었습니다.

코치 : 아~ 의도적으로 그룹을 만들어서 해보겠다.

지영 : 예.

코치 : (엄지 척)

지영 : (웃음)

코치 : 해보는 게 최고입니다.

지영 : 해보겠습니다.

코치 : 또 다른 분?

선영 : 저는 1월에 코치 모임이 있는데 여기서 배웠던 재미있는 도구들을 사용해 보고 싶어요. '정말 멋져!', 이름이 '자아선언문' 이었나요? 그런 여러 가지 도구들을 몇 가지 뽑아서 연습을 해보고 싶어요.

코치 : 도구 사용을 연습해보고 싶고, 반응도 보고 싶고, 많이 써서 효과도 느끼고 싶군요. 그렇군요. 다른 분들은요?

수현 : 질문 있습니다. 질문의 요지가 현재 내가 6점인데 내가 되고 싶은 코치가 되기 위해서 뭘 하고 싶냐는 건가요?

코치 : 그렇습니다.

수현 : 제가 질문을 다르게 이해했습니다. 일단은 그룹코칭을 많이 해봐야 될 것 같고, 그리고 코칭 스킬을 깊이 숙지해야 할 것 같고, 또 해봐야 할 게 있다면 그룹코칭을 하는 조직에 가서 그냥 하루씩 살아봤으면 좋겠어요. 일주일에 한 번 정도만이라도 그룹코칭을 하는 조직 속에 제가 있었으면 좋겠어요. 늘 마음속에 있는 건데 해보지 못하고 있는 게 아쉬워요.

코치 : 그룹코칭을 많이 해보고 싶고, 아울러서 그 조직에 가서 일주일에 하루 정도 살아보고 싶으시네요. 또 다른 분은요?

민수 : 예, 저군요. (웃음) 저는 요즘 제가 많이 느끼는 게, 선뜻 나서는 힘이 많이 약해진 거 같아요. 제가 옛날엔 선뜻 나서는 게 있었는데... 지금은 스터디를 만들고 싶은데도 선뜻 나서지를 못하고 있습니다. 많이 망설이고 있습니다. 그래서 선뜻 나서는 힘을 키우고 싶어요. 제 경험으로 볼 때 함께 가는 게 중요하거든요. 특히 코칭에서는

더 중요하다고 느껴져요. 스터디 모임에서 도구 연습도 하고, 코칭 질문을 어떻게 해야 할지 고민도 많은데, 그런 것도 함께 나누면 재미있지 않을까 생각해요. 선뜻 나서지 못하는 것에 대한 아쉬움이 많이 들어요. 얼마 전에 '1인 가족 강사' 제의를 받은 적이 있는데 제가 선뜻 나서지를 못하더라구요. '내가 왜 이럴까? 경험이 많이 있어야 좋은 걸 알면서도...' 그래서 이런 기회를 삼아 스터디 모임도 하고 싶고, 또 체화하고 싶어요. 체화가 제일 중요하다고 생각하는 사람인데, 자세도 그렇고 스킬도 그렇고 체화하는 모습을 갖고 싶습니다. 자랑하라고 하시길래 자랑할 걸 생각해 봤는데 제가 올해 코칭 실습을 310시간 정도 한 것 같아요. 그거는 자랑하고 싶네요.(웃음)

코치 : 코칭을 310시간 했다. 그리고 체험하고 체화하는 게 중요한데 지금 선뜻 나서는 힘이 부족한 것 같다. 아까 결론을 말씀 안 하셨는데, 그래서 코칭 실습 스터디를 만들겠다고 하신 건가요?

민수 : 아~ 여기서 빼면 안 되겠죠?

(모두 웃음)

코치 : 결론을 안 내려서...

민수 : 교수님을 피해갈 수가 없네요.(웃음) 혼자 하더라도 만들겠습니다. 일단은 동기들에게 제안을 해보겠습니다.

코치 : 지금까지 GOAL, 되고 싶은 모습을 상상했고, 현재 내가 몇 점인지, 그래서 원하는 점수로 가려면 무엇을 해야 하는지, 무엇을 하고 싶은지에 대해 이야기하고 있습니다. 한 바퀴 더 돌게요. 다른 사람들의 얘기를 듣다 보니 '이런 게 생각났다. 이런 거 하고 싶다.'에 대해서 이야기 해 보시죠.

(침묵)

코치 : 지영 코치가 하고 싶은 표정인데요.

(웃음)

지영 : 아닌데~~ (웃음)

민수 : 나도 그렇게 보였어요.(웃음)

코치 : 아니면 '아니다'라고 말해도 됩니다. 다른 사람이 이야기 하면 되니까요. 이 자리는 아닌 건 아니라고 하는 게 아주 자연스런 거니까 나중에 생각날 때 하세요. 괜찮습니다.

지영 : 예. 나중에 생각나면 하겠습니다.

수현 : 저는 민수 코치님 얘기 들으면서 스터디를 혼자라도 한다고 하셨는데, 저를 끼워주십사.(웃음) 동기들끼리 어떤 스터디든지 한 가지 공통된 관심사가 있고, 학습을 통해서 연대가 되고, 그 일을 같이 할 수 있으면 최고의 그룹인 것 같아요. 그래서 '그룹코칭 스터디 참 좋겠다.' 그런

생각이 듭니다. 만들어 주세요.

민수 : 아이구~ 감사합니다. 영광입니다.

코치 : 수현 코치님~ '공동의 관심사를 가지고 학습을 하면 연
대가 일어나고 최고가 된다.' 지금 이렇게 말씀하신 거
죠? 공식적으로 민수 코치에게 같이 하자고 말씀하시는
건가요?

수현 : 예. 제안하는 겁니다.

코치 : 그러면 거기에 대한 민수 코치의 대답은 어떤가요?

민수 : (웃음) 당연하지요. 좋지 않습니까? 카드 한 장 들고도 웃
을 수 있는 게 그룹코칭 아닙니까?

지영 : 지난주까지는 민수 코치님 저렇게 말씀하지 않으셨어요.

(웃음)

코치 : 그래요? 그럼 민수 코치가 회장이고 수현 코치가 부회장
인가요?

(웃음)

지영 : 아마 그렇게 될 거 같은데요?

(계속 웃음)

코치 : 또 하고 싶은 이야기 하시죠.

선영 : 저는 왜 민수 코치님이 '선뜻'이라는 단어를 조심스럽게
내놓으셨을까? 손을 잡으려는 사람이 많았을 텐데. 왜 망

설였을까?' 이렇게 선뜻 내놓으니까 전부 하고 싶은 마음이 생겼는데, 저도 민수 코치님이 시작한다면 얼마든지 함께 하고 싶은 마음이 있었거든요. 정말 저야말로 선뜻 말 할 용기가 없어서 못했던 건데, 이렇게 말씀해주셔서 감사하구요. 만약에 스터디를 하신다면 저도 같이 하고 싶은 마음이 많이 커졌어요.

민수 : 아우~심장이 벌렁거립니다. 감사합니다.

(웃음)

코치 : 선영 코치님이 울림이 있는 이야기를 잘 하시네요. 이야기를 들으면서 가슴에 훅 들어오고, 울림이 있어요. '감사했다.' '왜 선뜻 말을 안 했느냐' 그 말에 울림이 있고 가슴에 와 닿네요. 선영 코치님이 말하시는 걸 보니까 울림이 있고 진정성이 있는 표현을 잘 하신다는 게 느껴졌습니다. 'Why not?' 선뜻 같이 한다. 이거네요?

선영 : (미소를 지으며 끄덕끄덕)

민수 : 선영 코치님은 언제나 저의 든든한 아군입니다.

(모두 웃음)

코치 : 지금 추가로 더 해보고 싶은 게 있는지 이야기하고 있습니다.

지영 : 저는 사실 여기 코치님들이 스터디 모임에 대한 내용을 이야기 많이 하셨잖아요. 그런데 시간적으로 모이기 어

려운 상황도 있을 수 있어서 그 전까지는 '그룹코칭을 진행해 봐야겠다. 의도적으로 마음을 먹자.' 이렇게 생각을 했었는데, 지난번에 민수 코치님이 '도구를 가지고 스터디를 해보는 것이 좋겠다.'는 의견을 주셨을 때, '나 스스로 도구를 만들어보면 어떨까?' 생각했었거든요. 그래서 꼭 정형화된 게 아니더라도, 도형이나 그림들로 사람들과 느낌을 나누는 것만으로도 충분히 뭔가 할 수 있지 않을까 생각을 하면서 나만의 공부 방법을 생각해 봤으면 좋겠다는 생각을 해보게 되더라구요.

코치 : 지금 이 순간, 지영 코치님이 한 단계 더 업그레이드 되셨군요.

지영 : (쑥스~~)

코치 : 뭐냐면, 도형이나 그림이나 이런 것을 가지고 내 도구를 만들어보고 싶다. 이렇게 이야기 했잖아요. 통찰은 어디서 오는 거냐 하면 바로 그런 생각에서 오는 거거든요. 지영 코치님은 오늘 별점 두 개를 취득하셨습니다.

지영 : 우와~ 감사합니다.

코치 : 그 감사하는 마음으로 한 단계 더 업그레이드 되셨습니다.(웃음) 또 이야기 하고 싶은 분?

선영 : 저는 지금 얘기를 들으면서 지난 수업시간에 하이브리드로 교수님이 직접 보여주신 게 생각났어요. 온라인과 오

프라인을 동시에 진행하는 방법을 보여주시면서 모든 도구는 온라인과 오프라인에서 얼마든지 동시에 사용할 수 있다는 말씀을 듣고, 그러면 꼭 스터디가 모여서 하는 것만 아니라 온라인으로도 할 수 있지 않나? 하는 생각이 들었어요.

코치 : 이미 그렇게 하고 있는 많은 분들이 계십니다. 스터디를 1년 내내 온라인으로 하고 있는 분들이 제 주변에 많이 있습니다. 마음만 먹으면 얼마든지, 요즘은 ZOOM 뿐만 아니라 많은 도구들이 개발되어 있어서 마음만 먹으면 얼마든지 할 수 있어요.

민수 : 선영 코치님과 지영 코치님 얘기 듣다 보니까, 제가 지난주에 소감문을 쓰면서 '앞으로 온라인 도구가 새로운 시장으로 등장할 수 있겠구나' 하고 생각했었거든요. 지금 교수님은 도구의 본질을 파악해서 응용해서 사용하지만, 분명 규격화된 상품이나 프로그램이 나올 거 같다는 생각이 들어요. 이젠 기술이 문제가 아니라 아이디어가 문제라고 하더라구요. 같이 모여서 누군가 한 사람이 그날 한번 모델을 해보면 좋겠네요.

코치 : 지금 우리는 2차, 3차, 4차 주제에 대한 코칭하는 방법을 GROW 대화모델을 통해 보여주고 있습니다. 잠시 쉴 건

데, 쉬고 나서 어떤 이야기를 나눌 건가 하면 다른 사람들 이야기를 듣고 나서 그걸 차용해도 좋고, 내가 이야기한 걸 말해도 좋고, 미처 말 안 했지만, 내가 원하는 그룹 코치가 되기 위해서 지금 당장 내가 해야 할 작은 행동한 가지를 공유하겠습니다. 10분 동안 쉬면서 잘 생각해보시기 바랍니다.

(쉬는 시간)

코치 : 다시 시작하겠습니다. 지금까지 자신이 원하는 그룹코치의 모습도 그려봤고, 자신이 원하는 모습이 10점이라면 현재는 몇 점인데, 자신이 원하는 모습으로 가기 위해 뭘 해보고 싶은지에 대해 이야기를 나눴습니다. 그 중에서 지금 당장 실천할 수 있는 것, 실천해보고 싶은 게 있다면 무엇인가요?

민수 : 저는 방금 카톡으로 그룹코칭 스터디에 들어오겠다는 메시지를 받았습니다. 일단은 그룹코칭 수업을 듣는 분들에게 한 분씩 그룹코칭 스터디를 제안하는 것을 첫 시작으로 삼겠습니다. 그리고 첫 모임을 만들어보는 것. 이게 저의 첫 실천이 될 거 같습니다.

코치 : 제의하고, 첫 모임 날짜를 잡는다. 그렇군요. 제가 개인적

인 팁을 드린다면, 제의를 했는데 안 받아들이는 사람은 나름의 사정이 있는 거니까 거기서 마음 상하지 않았으면 좋겠습니다. 나는 선뜻 제안하는 거고, 그 분은 사정이 있어서 선뜻 못 받는 거니까, 개의치 마시고 자신 있게 제안하셨으면 좋겠습니다.

민수 : 감사합니다. 간직하고 실천하겠습니다.

코치 : 또 다른 분?

수현 : 지난 주말에 그룹코칭 과제가 있었잖아요? 실제로 저는 제가 코칭할 모델을(조직을) 가지고 할 건데요, 계속 머릿속에 그림만 그리고 있었는데 이번 주말에, 내일까지 확실히 완료하겠습니다. 월요일이 되기 전에 보내겠습니다.

지영 : 저는 아까 스스로 도구를 만들어보겠다고 말씀드렸었는데요. 쉬는 시간에 잠깐 몇 가지 그려봤어요. 아까 말을 하고 나니까 바로 아이디어가 떠오르기 시작하고 그려보게 됐는데 몇 가지 구상한 것들을 스케치북에 옮겨보면서 만들어보겠습니다.

코치 : 지금 떠오른 아이디어를 실행으로 옮겨보겠다. 멋지네요. 나중에 잘 되면 우리에게도 자랑해주세요.

지영 : 예. 그렇게 하겠습니다.

선영 : 저는 그룹코칭 수업에서 배운 걸 총정리해보고 싶어요. 그리고 PPT로 만들어서 잊기 전에 그림으로 남겨놓는 게

좋을 거 같다는 생각이 들어요. 그런 작업을 조금씩 해놓고 싶어요.

코치 : 한 학기 동안 그룹코칭 수업에서 배운 걸 내 것으로 정리하는 작업을 하겠다. 그 과정에서 뭔가 새로운 배움이 있을 테니까~ 좋습니다.

수현 : 선영 코치님 이야기 들으니까 나도 그룹코칭 수업에서 한 학기 동안 배운 걸 제대로 복습 한번 해야겠다는 생각이 들었구요. 두 번째는 제가 코칭을 하고 있는 병원에 가서 병원장님과 심층 인터뷰를 해야겠다. 그리고 월요일은 반나절이라도 거기에 있어야겠다. 이런 생각이 들었어요.

코치 : 병원장님 심층 인터뷰도 하고, 병원에 가서 반나절이라도 있겠다. 아까는 하루라고 했는데 반나절로 줄어들었네요.

수현 : 내일 오전에는 예정된 일이 있어서 오후 밖에 시간이 안 되네요.

코치 : 그럼 다음 주는?

수현 : 다음 주는 조절할 수 있어요. 하루 종일 가능해요.

코치 : 그럼, 내일만 반나절이군요.

수현 : 예, 해야겠다는 생각이 드니까 마음이 급해져가지구...

코치 : 제가 왜 이 말씀을 드리느냐 하면, 다른 코치분들이 실제

로 일주일 중에 하루를 그 회사에 가서 놀면서 상담도 하
고 코칭도 하고 그러면서 좋은 관계를 맺고, 새로운 일거
리도 생기고, 실력도 늘고 하는 걸 봤거든요. 그래서 팍팍
지지하고 싶어서(푸시하는 게 아니라) 좋은 방법이라고 지
지하고 싶어서 말씀드린 겁니다. 비를 맞으려면 어떻게
해야 하죠?

수현 : 우산을 안 써야죠. 우선 밖으로 나가야지요.

코치 : 그렇죠, 밖으로 나가야 비를 맞죠? 이제 비를 맞으러 나
가는 겁니다. 각자 지금 실행하기로 한 것들을 잘 실행해
서 원하는 결과들을 얻으시길 기대합니다.

코치 : 다음은 Planning 단계입니다. 오늘 이 세션을 통해 뭘 배
웠는지, 어떤 성찰이 있었는지, 무엇을 실천하겠는지에
대해 공유하도록 하겠습니다.

(침묵)

선영 : 집단의 힘이 일어났던 것 같아요. 조그맣게 말했던 스터
디 이야기가 눈덩이처럼 커지지 않았나? 하는 생각이 들
었어요.

코치 : 집단의 힘이 일어났다. 그걸 봤다. 이거네요.

민수 : 저는 스터디를 해야 될지에 대해 혼자 끙끙 앓지 말고 그
냥 말해보는 것도 괜찮겠다는 생각이 들었습니다. 혼자

고민할 때는 외롭다는 느낌이 들었어요. 다들 바쁘고, 그리고 내가 스터디를 제안할 그럴만한 자격이 있나? 나를 믿는 사람이 있나? 하는 마음도 들었었는데, 그냥 제안을 하고 나면 되든 안 되든 다른 사람들의 생각을 알 수 있을 거 같아요. 스터디에 대해 마음이 편안해 진 거 같아요. 오늘 배운 점은 교수님의 호응해주시는 대화 수준이 굉장히 다양한 레이어가 있는 거 같아요. 때로는 윗부분을 살피기도 하지만, 때로는 몇 단계 레이어 안으로 들어간 단계를 이야기해주시고, 때로는 제가 미처 느끼고 있지 못한 부분을 끌어내어 주시는 능력이, 이건 구력의 차이다, 개발하고 싶다, 그런 욕심이 드는 배움이었습니다.

코치 : 그걸 말하는 거 보니까 민수 코치님은 이미 그걸 안다는 거네요. 모르면 보이지 않잖아요. 민수 코치님은 그런 레이어를 볼 줄 아는 눈이 있군요.

민수 : 또 '어머나'가 나올 뻔했네~

코치 : 비록 구력의 차이는 있지만, 같이 보는 지점이 있었다. 그렇게 말해줘서 반갑네요.

민수 : 그 말씀에 더 용기를 얻습니다. 감사합니다.

지영 : 저는 민수 코치님의 말에 조금 덧붙여서, 집단의 힘을 낼 수 있게 하는 게 코치의 힘이 아닐까? 여러 구성원의 생각의 갈래들을 딱 잡아서 이 자리에 다시 가져온다던가,

적재적소에 한마디의 터치로 시너지를 낼 수 있도록 해주는 것. '아~ 그래서 코치가 필요하구나(!)'를 느낄 수 있는 장이었던 것 같습니다.

코치 : 코치의 필요성을 느꼈고, 코치가 GROW라는 프로세스를 따라가면서 중간 중간에 밸류잉을 하면서 더 깊게 하는, GROW 모델의 힘과 코치가 하는 역할의 중요성에 대해서 깨달았다는 거네요.

지영 : 예. 최고십니다.(따봉~)

코치 : 코치의 힘, 코치의 필요성을 느끼셨군요.

수현 : 제가 이야기하려고 한 걸 코치님이 금방 말씀하셔서…
(웃음)

코치 : 또 해도 되요. (웃음)

(모두 웃음)

수현 : 코칭 스킬을 전체적으로 볼 수 있어서 좋았구요. '우리가 기본적으로 알고 있는 GROW모델이 그룹코칭에서 이렇게 탁월하게 진행될 수 있구나' 라는 사실을 실제로 참여해서 배울 수 있어서 좋았습니다. 성찰은, 아까 비를 맞으려면 밖으로 나가라고 말씀하셨듯이 온전히 개방적이고 온전히 운동장을 좌악~ 펼쳐 주시잖아요? '무슨 말을 해도 좋다.' 이렇게 안전하게, 그리고 마음껏 뛰어 놀게 하고, 그걸 다시 수렴해 주시잖아요. 그래서 딱 정리가 되게

해주시는, '정말 탁월한 코치로서의 역량을 더 길러야 되겠구나.' 하는 생각을 많이 해보았습니다.

코치 : 진행하는 코치의 스킬에 대해서 느꼈고, 열려있는 안전한 공간의 중요성도 느꼈고, 그래서 뭘 더 해보고 싶다는 걸 느꼈네요. 제가 지난번에도 말씀드렸지만 일대일 코칭을 열심히 하면 그룹코칭도 잘 할 수 있습니다. 참가자들 여러 명을 그냥 한 명이라고 생각하면 되니까요. 오늘 어떤 주제로 이야기하고 싶냐? 어떻게 되고 싶냐? 그게 되면 뭐가 좋냐? 지금은 어떤데? 그래서 앞으로 뭐할 건데? 그 사이사이에 밸류잉, 패러프레이징 이런 것들이 들어간 거잖아요. 그런 것들을 느끼셨네요. 혹시 더 하고 싶으신 이야기 있으신가요?

선영 : 우리들이 말한 걸 완성시켜 주시네요. 그런 역량이 저희에겐 아직 부족한 역량인 거 같아요.

코치 : 조금 부족하다고 느껴지더라도 열려있는 마음으로 참가자들을 모두 수용해주겠다는 마음으로 진행하시면 훌륭한 그룹코치가 될 수 있을 겁니다. 이제 마무리해도 될까요? 감사합니다. 마치겠습니다.